공명共鳴의 길 위에서

김덕진 시인의 두 번째 시집
공명共鳴의 길 위에서

초판 1쇄 인쇄	2024년 08월 02일
초판 1쇄 발행	2024년 08월 16일
신고번호	제313-2010-376호
등록번호	105-91-58839
지은이	김덕진
발행처	보민출판사
발행인	김국환
기획	김선희
편집	조예슬
디자인	다인디자인
주소	경기도 파주시 해올로 11, 우미린더퍼스트@ 상가 2동 109호
전화	070-8615-7449
사이트	www.bominbook.com
ISBN	979-11-6957-207-1　　03810

• 가격은 뒤표지에 있으며, 파본은 구입하신 서점에서 교환해드립니다.
• 이 책은 저작권법에 의하여 보호를 받는 저작물이므로 무단 전재와 복사를 금합니다.

김덕진 시인의 두 번째 시집

공명共鳴의 길 위에서

바다엔 강한 것보다
   너처럼 순수한 것이 많아
      바다가 희망으로
푸른빛인가 보다

추천사

김덕진 시인의 인생이 담긴 시편을 섭렵하여 보았다. 그가 지나온 삶의 궤적은 외길을 걸어오면서 삶의 어려움도 많았으나 나름 잘 견디며 살아왔다고 자부하는 시인의 모습이다. 그는 진심으로 살았으며 성실하게 살았다. 이 시집은 시인이 지나온 길 위에서 마주친 자연과 삶의 모습을 잔잔한 언어로 독백하듯 이야기하고 있다. '공명' 즉 '함께 울다'라는 단어를 통해 여운을 나누고 공감하며 서로 어울리길 바란다. 이를 위해 시인은 우리 곁에서 스쳐 가는 작은 순간들을 따뜻한 시선으로 포착하고, 그 안에 담긴 감정과 생각을 섬세하게 풀어내고 있는데, 그 속에서 느낀 감정들은 시인의 언어를 통해 독자의 마음 깊숙이 스며들 것이다.

또한, 한 편 한 편이 마치 짧은 영화와도 같아 읽을 때마다

새로운 감동과 여운을 남기기도 하는데, 잔잔한 언어의 향연 속에서 독자는 삶의 진정한 의미를 찾아가는 여정을 시인과 함께하게 될 것이다. 이로 인해 우리는 일상 속의 특별함을 다시금 깨닫게 되며, 각자의 길 위에서 서로 어울리며 서로를 느끼며 빛나는 삶을 더불어 살아갈 용기를 얻을 수 있을 것이다. 우리에겐 아름답고 화려했던 시간은 지나갔지만 아직도 잔향이 깊은 시간이 남아 있다. 지금까지의 시간보다 훨씬 의미가 깊고 소중한 시간이라 하겠다. 가족이 있고, 사람이 있고, 시가 있고, 세월이 한참 남아 있다. 자신이 있고, 존재가 있고, 수많은 만남이 있다. 이 시집을 통해 삶에 지친 이들에게 작은 휴식이 되길 바란다.

편집장 **김선희**

시인의 말

두 번째 시집을 내게 되었다. 첫 시집을 내고 반년 조금밖에 지나지 않았지만 오래전에 쓴 시들이 제법 많이 남았고, 썩 정리되지 않고 삶이 지체하는 듯한 느낌이 들고 무기력하기까지 했다.

시간은 흐른다. 과거에 쓴 시와 최근에 쓴 시가 함께하는 것이 썩 어색하지 않으리란 생각으로 힘을 냈다. 시간 차가 느껴질 수 있지만 많은 부분 홀로 자연과의 교감이나 공명을 노래한 것이니 크게 무리는 되지 않을 것 같았다. 시간은 계속 흘러 언젠가 개인의 삶은 끝나고, 내심 원할 것 같은 먼 우주로 여행을 떠날 수 있을지 모르지만, 먼 후에 혹 글이 남아 읽힌다면 공명으로 미약하나마 다시 울릴지도 모른다는 근원조차 희미한 생각이 게으른 몸을 일으키게 한다.

여전히 바람은 대체로 시원한 느낌을 주며 스치고 지나간다.

시인 **김덕진**

목차

추천사 _ 5
시인의 말 _ 7

제1부
바다가 보이는 카페에서

등대 _ 16
물성말 등대 주변 풍경 _ 19
바다로의 초대장 _ 22
빛 _ 25
선원수첩 _ 28
섬 _ 31
안개 _ 33
야항夜航 _ 35
어둠 속에서 _ 37
어둠을 본 꿈 _ 39
연상 _ 43
우향雨鄕 _ 46
잔을 들고 _ 48
장면 _ 50
지중해에서 _ 53
출항기 _ 55
커피 생각 _ 58
커피 한 잔 _ 60
황혼 _ 62
회산도懷山島 _ 65

제2부

꽃이 있는 마음의 뜨락

5월에 _ 68
개머루 _ 70
갯장구채를 지나며 _ 71
꽃순이 _ 72
꽃이라 부를게요 _ 74
나도수정초 _ 76
나비 날개 _ 78
느낌 _ 80
빨래 _ 84
상고대 _ 86
석류의 추억 _ 88
세월 _ 90
은둔 _ 91
이어지는 비 _ 94
자연 속에서 _ 96
자연의 시 _ 98
작은 꽃들을 보며 _ 100
풀꽃 (1) _ 102
풀꽃 (2) _ 104
풀꽃 (3) _ 106
풀꽃 (4) _ 108

제3부

자연에 마음을 띄워

국수 먹는 날 _ 112
꿈에 쓴 시 _ 114
도깨비 _ 117
동짓날 _ 120
딱새 _ 122
바이러스 _ 125
빛바랜 혼 _ 128
산불 _ 131
생로병사 _ 134
소리에 향을 피운다 _ 136

시계 _ 138
시를 부르다 _ 139
오징어 _ 141
인연 _ 144
잠자는 시간 _ 146
종소리 _ 148
종점 _ 151
지금 _ 155
해변에서 _ 157
행복한 사람 _ 159

제4부

추억을 그리며

2021에서 2022 _ 162
건축 공사장에서 _ 163
까치 소리 _ 165
별빛의 상심 _ 168
비 내리는 하루 _ 170
비몽사몽 _ 172
빈집 _ 174
생선찌개 _ 176
신체학적 예술 _ 178
안팎 _ 180
어느 맞벌이 _ 183
열대야 _ 185
오렌지 하나 _ 187
지난 보름 _ 188
추모(부모) _ 190
추석 _ 192
페인팅 _ 194
하얀 운동화 _ 197
회상 _ 198
휘파람 _ 200

제5부
바람길에 서서

가볍게 걷는 거야 _ 204
깊어가는 해에 _ 206
누가 먼저 꺼냈을까? _ 209
동물원 _ 212
마라톤 _ 214
만남의 길 _ 217
바람 _ 218
사람답게 _ 220
삶은 순수에서 싹터야 한다 _ 223
새야 _ 224
안개 낀 산책길 _ 226
안녕(추모) _ 228
어떤 바람일지라도 _ 230
여로 _ 233
이젠 _ 235
잠자리 _ 236
추운 날 _ 238
한 줄기의 바람이고 싶다 _ 240
함께해요 _ 242
해원解冤 _ 244

제 1부

바다가 보이는 카페에서

가시나무에 몸을 던지는 가시나무새처럼
아름다운 고독을 향해 출항하여야 한다

등대

해안 높은 곳
거센 바람 마다치 않고
고독으로 나타낸 삶의 자리
고독의 향기는 바람에 날리고
우뚝 선 몸은 햇빛에 쏘이다가
새, 파도, 바람 소리
쌓인 이야기로 삶을 포용한다

오롯이 자리 지키며
태곳적 함께한 어둠이 물들면
몇 번 고른 눈빛
색깔로 빛을 영원처럼 드러내
설렘으로 맞이하고
얼마 후 돌아올 시선은
또 다른 재회를 예비한다

안개 낀 날에는

슬픈 인연처럼

안타까움을 삼키듯

절제된 목소리로

보이지 않으니 찾으라고

세파에 밀린 방황을 염려하며

깊게 외치며 자리를 지킨다

위치를 알려주는

스승처럼 있고

찾아 비로소 안도하는

애인처럼 자리하고

현재를 느끼며 항해하는

나그네 삶을 대하며

묵묵히 시간을 수놓고 있다

영겁을 나누려는 듯
눈빛 속에 등대가 자리한다

물성말 등대 주변 풍경

바람 개의치 않고 찾아가는 4월
등대 곁에서 바다를 보려고
해안선 절벽을 피해 유채꽃, 찔레나무
각종 풀과 덩굴 산길로
조심스레 질경이도 밟고
장딸기꽃, 살갈퀴꽃을 지나서도
거센 바람은
감탕나무의 작은 꽃잎들을 떨구고
연리지 같은 결을 뒤틀듯 틈을 벌리고
함께 자라왔지만
나무는 틈에 겨워하며
냉정해진 바람의 질주를 견디고 있다
한참 후
탁 트인 바다가 보이는 등대
한낮에도 거센 바람은
많은 힘겨운 움직임을 만들어 주위는 음산하고

한없이 따스한 이전 봄날도 함께했던
나 역시 초연한 물성말 등대 옆에 섰다
한때 사람들 드나들며 세워두고 떠난 뒤로
무인 등대는 남아
그들 희망의 하얀 페인트칠을 입고
해풍에 맞서고 있다
낮엔 하얀 망루처럼 지켜보고
밤엔 빛을 뿌려대는 작은 공장처럼
정중동 자리를 지킨다
낮은 밖에서 하늘을 보니
바람에 실려
등대 주변 우리가 창공을 항해하고 있다
희뿌연 구름이 지나온 길을 향해
사명처럼 이어지는 우리의 항해
시선을 내려 바다를 보니
나뉘어 가는 듯한 세상 속에

적막하면서도 밀려가는 듯한 오늘이 보인다
여기저기 바다의 표면이 들리고
움직임은 마음의 창과 함께 용해된다
거기에는 과거가 있고
혹 미래를 투영할지도 모른다
멀지 않은 곁에서
틈새에서 쉬고 있던 잎사귀가
급한 바다의 부름을 받았을까?
알려줄 서신처럼 새로움을 향해
마지막 비행처럼 시야에서 사라진다
떠나도 기억에 남을 등대 주변에서

바다로의 초대장

지금 난 바다의 초대장을 가지지 않았소
어느 날은 꿈속에서 나를 긴장하게 하고
어느 날은 꽤 나이 든 내게 침묵해서
가끔 바닷가에서 무슨 소리를 듣곤 하였지만
단지 오늘의 격동에 울리는 소리라고 생각하오
한때 부드러운 미소 가진 사람들의 안부도
슬금슬금 긴장이 흘렀었던 걸프만의 느낌도
드넓은 곳에서 스쳤던 숱한 사람들의 모습도
여행 같은 과거처럼 전해 주지 않는 것 같소
아직 바다가 무서운 건
눈앞에 있는 바다의 깊이를 알기 어렵고
여태 바다가 아름다운 건
눈앞에 있는 바다가 하늘빛을 비추는 것이라고
바다에 경외감을 보내도
얼마간 함께했던 지난 젊음에 침묵하고 있소
지난 과거에 너무 연연해하지 말라는 것일까?

바다로 향한 용감하고 사려 깊은 사람아
바다로의 초대장을 받으면
넓은 품속에 멀리 다다르기도 하고
둥지를 날아오르는 새처럼 삶의 노래도 하시오
그리고
지난 세월 바다 품을 헤집기도 하고
달리 찾은 은둔의 고독한 나그네
이젠 부서지는 파도에도 걱정과 그리움이 스민
나의 안부를 전해 주면 좋겠소
바다가 뿜어 올려 다다랐을지 모를 하늘의 구름
오묘함을 수놓은 초대장인지도 모르지만
나약해진 세월의 흐름 전할까 안타까움도 인다오
바다는 여전히 역동적이라고 생각하고
깊은 생각에 취한 나의 호흡처럼
잔잔하기도 하지만
모험심 가득한 초대처럼

여전히 역동적이라고 생각하오

넓게 트여 따사로운 햇살과 자유로운 바람

그렇게 꿈꾸며 함께하는 바다를 생각하오

빛

거칠 것 없이 비추어 닿는
우리의 거리는 빛의 거리
처음 눈빛의 설렘
밝히다 희미해져 가면
마중 나온 빛 사이로
갈 길 잃은 듯 빛은
숨겨둔 눈물 속에 반짝인다

비운 듯 빛이 반짝일 때
함께하듯 하늘에서 비가 내린다
삶의 과제로 놓이려는지
눈빛 속에 세상이 들어온다
저 멀리에서 빛이 비치듯
우리도 멀리서 왔을 것 같아
영원으로 항해하고픈 빛

사랑을 읊조리고부터
더불어 밝히려는 빛
가득 출렁이는 물 위로 가깝고
밝은 그대의 눈에도 어려 있다
보는 나도 밝히려고
너무나 가볍게 밝아지니
생명처럼 다정스레 가까이한다

마음이 기쁠 때
삶이 사랑스러울 때
삶을 간직하고 싶을 때
때로 눈을 감는다
가까워진 그대를 안고
하나로 어우러진다
미지의 항해도 기꺼이 빛을 꿈꾼다

사랑하는 사이에도 모르고 지냈던

가녀린 삶을 헤쳐 보니

희미하다고 애태우고

숨어있던 조급함이 안타깝다

부드러움, 거침, 새로움도

빛은 은혜롭게 다다를 테고

빛은 영혼의 동반자인 것을

선원수첩

아내의 짐 정리로
진열장 구석에 놓인
빛바랜 선원수첩을 펼치니
건강증명서
교육수첩
검역필증
꽤 안고 늙어간 세월이 있다

비 오는 젊은 날
달리 그만 품에서 얼룩져
안타까움도 함께하고
보관 상태 불량으로
한때 입국 심사에서 퇴짜 맞은
과거의 숨 가쁜 기억도
처연히 묶음으로 함께한다

이젠 빛바래

그 흔적도

노안과 함께 어두워져

고풍으로 동화된 선원수첩

삼십여 년 전 흑백 증명사진

몇 번의 경력을 뒤로 놓고

준비하듯 앞선 채로 젊다

젊은 나를 증명하느라

여전히 붙어 있고

한참 늙어가는 나처럼

언젠가는 또한 사라질

추억의 불꽃

빛을 향해

함께 세월로 향해 간다

낡아도 남아 있음은

희미해진 기억을

미련할 만큼 새기고 있다는 것

창밖에서 한가로운 빛이

소리 없이 들어오니

아직 누구도

떠날 때가 아닌 듯하다

섬

어찌 떠나왔듯이 멀리 떠나왔다

나도 그랬듯이

신기하고 허튼 여행이라도

온몸 가득 기뻤으면

깊고 뜨겁게 흘러 다다르고 싶은 열정

모험과 교감을 위한 배를 띄웠듯이

드넓게 이어지는 바다 위에 나타났다

깊게 흐르다 뛰어올라

구름을 보고 바람을 느끼다가

뜨거운 정열을 나누고 식혀

그렇게 추억을 함께하는 흐름

여행처럼 인연을 만들었다

아예 깃을 치는 철새처럼

그리고 알 수 없는 침묵으로

자리하니 또 다른 삶의 터전

한편 또 떠나고 싶어도

이젠 바위틈이나 경사지에도

씨가 다다르고 꽃이 피고

나무도 분신처럼 자리하니

오가는 물결에 몸을 씻고

먼 곳에서 오는 바람에 귀 기울인다

이상향이 되면 얼마나 좋을까?

바위로 부드러움을 지키고

침묵으로 낮춰 모두를 품고 있다

인제 그만

평화를 바라는 나의 마음처럼

안개

물속보다는 더 옅은 안개가
희미해진 여정 위에
깊은 호흡으로
출렁이는 물결 위에 서려 있다
더는 바람에 밀리지 않고
계획한 일상 위에 짙어가자
선박 운항 통제
중간 기항지는
예상치 못한 경유지가 되어
시간을 끌어안고
요약으로 소개를 한다
지난 세월 불러내어
인연 찾는 맞선 같기도 하고
방랑의 길 펼쳐주는 틈 사이로
슬픈 기억 지우려는 듯
먼 풍경이 아련하고

야리야리 싸맨 가슴

묻어주어 치장한다

야항 夜航

밤하늘엔

무수한 금구슬 은구슬이

빨강 초록 흰색 등의 빛으로

다투어 피어올라

사색의 빛 되고

출렁이는 파도에 부딪혀

포근하게 일렁이며

모락모락 공허를 메꾼다

한때는

영웅처럼 움트거나

삶의 기적을 토하려는 바다가

함께 전설의 별빛을 품을 때도

모두의 휴식 같은 어둠에도

움직이는 城 같은 배로

존재를 알리는 빛을 달고

밝은 미래를 소망하듯

이어지는 바다를 항해한다

시간이 너울대어

함께 고독한 달도 마음 열면

지나간 삶의 부분들

변화를 품는 알 수 없는 일상

떠난 심정 읊조리며

돌고 돌며 흐르는 자연

여유로운 고독의 밤에

노래하듯 삶을 항해한다

어둠 속에서

빛이 희미해져 갔습니다
어둠 속에 묻혀
무엇 하나 이웃할 수 없는 고독에 싸여도
빛을 받아들이는 눈빛이 있음으로
사색으로 마음을 덥히는
떠오를 해와
상실에서 말끔하게 단장하는
돌아올 달을 생각하며
보이지 않아도 우뚝 몸을 세웁니다
어두움을 토닥이며 빛을 찾아내고
주위와 함께 삶의 조화를 느낍니다
한때는
불행처럼 폭풍이 휘몰아치고
또 한때는
행복의 전령처럼 산들바람이 불어옵니다
그리하여 어둠이 고독처럼 어루만질 때

마음을 부여잡고

빛으로 기도하는 삶의 조화를 배웁니다

어둠을 본 꿈

어둠이었습니다
홀연 드러난 빛에 어쩔 줄 몰랐습니다
오늘에 방황하듯 어딘지 막연함으로
커튼 속에 놓인 해도를 보려 하지만
어둠에 싸여 보이지 않았습니다
지난 배의 항적이 몇 개 위치선으로 놓이고
쭉 더듬어 올라가면 현재를 찾을 수 있겠지만
다른 배와 충돌하지 않을지 밖을 염려하다 보니
조급하여 마음을 태웠습니다
다행히 이성을 찾고 해도실의 불을 켜고
한눈에 보았습니다
조금 늦었을 수 있겠지만
항로를 확인하고 적이 마음을 놓았습니다
하지만 그건 꿈이었습니다

어둠이 왔습니다

순간 어둠에 싸여 두려웠습니다

하지만 머지않아 빛에 싸일 것을 알고

침착하려 했습니다

어둠의 조용한 흐름을 느꼈습니다

한때의 나를 두렵게 한

어둠을 무너뜨리려 하지 않습니다

때로 잔잔하게 마음을 타고 오는 어둠

깊은 삶에, 잃은 듯한 정서가 흐릅니다

비록 다가올 빛에 대한 희망으로

안정을 찾으려 해서인지 모르지만

나는 이내 어둠을 긍정했습니다

가득 나를 감싸는 어둠에

예전에 느끼지 못하는 친근과 고독을 배우며

곧 빛에 싸일 아름다운 고독을 품어봅니다

꿈속에서 느낀 어둠이었습니다

어둠 속이었습니다

조금 전에 꿈에서 깨어났습니다

아까의 꿈을 붙잡기 위해 불을 켜지 않았습니다

올해의 많은 꿈에는

빨리 발전하지 못한다고 자학한 나날로

운명의 모습인지, 절망스러운 마음인지

죽음과 삶이 교차하는 악몽도 있었습니다

항해가 시작되고 적이 마음이 가라앉아

오늘의 묘한 꿈을 꾸었습니다

그렇습니다

항해처럼 마음 뿌듯한 삶의 열쇠는 없습니다

밝은 낮에는 자연의 빛을 찾아 위치를 내고

어두운 밤에는 자연스레 어둠에 싸여

어둠 속에서 반짝이는 빛을 찾습니다

칠흑 같은 어둠이어도 항해를 위해서

무작정 불을 켜지 않습니다
예전에 지냈던 죽은 혼이 다가오는 듯
스미는 바람처럼 오는 어둠의 소리를 듣습니다
낮과 밤의 방생하는 고독 속에 함께하는
빛의 아름다운 항해를 배웁니다

꿈이 어둠을 보았습니다
어두워야 더 찬란하게 빛나는 빛
순간 하나의 화두를 던지고 간 꿈에서 깨어
슬픔과 근심 걷히고 난 후의 무지개처럼
나머지 미지의 반원을 소망하는 마음처럼
하나의 삶을 수놓듯이
지금은 채비를 차려야 할 현재입니다
마음이 허무할 때 다잡아야 하겠습니다
꿈이 어둠을 보았었습니다

연상

예전과는 달리
허무에 허덕여 산에 오르던 날
무척 아름답고 조용한 산이지만
순간 보이는 꿩을 잡으려고
돌을 집어 들고 맞추려 하다가
푸드덕 깃털 하나 떨어지며
나무 사이 동그란 테의 강한 빛에
그만 멍하게 서서
각성하는 듯한 환상에 빠져들었다

가도 가도 굽이치는 바다 위에서
그처럼 뿌듯한 변화를 위하여
가끔 바다에 돌을 던지고 싶었다
이따금 돌 던지는 모양을 취하고
바다를 둘러보았다
하지만 던질 만한 것이 없다

다음 육지에 기항하면 얼마의 돌을 싣고
출항하여 던지리라는 생각이 들었을 때
단지 환경의 변화를 추구한다며
바다는 희게 부서지며 배를 흔들고
쓸쓸히 고독으로 넘나들고 있었다

무언가를 모으려 하지 못하고
희생적 삶처럼 던지려 했을까
이윽고 돌이 떨어지면
그만 시들고 허무에 빠질 것을
돌 하나 삶의 부분이라면
기필코 던져 상실하려 않을 거면서
심해에 떨어진 돌을
그 후 다시 만날 자신이 없으면서

무의식적인 돌팔매질

일상에서 벗어나고 싶고
파문이라도 내어 변화로 삶을 날며
자연의 품에 닿고 싶은 꿈
하지만 그리하여선 이내 내면의 고독에 묻히고
상실하는 슬픈 꿈이 되리니
떨쳐 피어나는 자연을 배우고
생명이 커가는 노래를 배워야 한다

나무의 숱한 날개 같은 나뭇잎
햇빛과 바람 속에 전율하며
마음속 머나먼 길도 분신처럼 다다르며
시선을 맺고 씨앗처럼 흩트리며
쉬 마르지 않으며
연상처럼 삶을 노래하며
깨우침으로 오는 자연을 꿈꾸듯이
무르익는 영혼을 노래해야 한다

우향雨鄕

비가
잠 깬 뒤에 더욱 적실 듯이 내리고 있다
울적하고 슬픈 마음이
내 사랑 성숙으로 거듭남에 연유하였으면
그리하여
더불어 토닥거림으로 흐느꼈으면

비 갠 후
희뿌연 기운은 이리저리 떠다니다가
사랑에 겨운 날 저만치
빛을 부르는 꽃의 호흡으로
태양을 그리는 가녀린 눈으로
삶의 여백처럼 스미어 사라진다 해도

여전히
꿈결같이 걷는 벅차오르는 길처럼

옥 같은 이슬을 머금고

염원 받드는 나무를 적시고

추억과 꿈속을 잇는 자연의 꿈

함께 끝없는 전설처럼 맺어가는 고향

잔을 들고

바람 드센 날
대자연에 우뚝 서서
삶의 노래를 불러보았는가?
비까지 거세게 쏟아져
파르르
알 수 없는 시간 속에 실족하여
바람을 거슬러 날갯짓을 보이며
비바람에 밀려 높이 솟구치고
바다의 어둠 속에 사라진
가녀린 새를 보았는가?

몰래 함께하듯 인연의 새는
하나의 빛을 울리고 떠나고
밖으로 비워둔 방황하는 삶
누가 잔을 채워주시나요?
천사처럼 가볍게

한 줄기 영혼의 빛이
지친 몸에 생명으로 채워주면
마음속 깊숙이 잔을 부여잡고
방황하는 걸음을 멈추고
은혜롭게 마주해야 하겠지요

고독한 슬픔을 이겨내어
마음이 취하고
몸이 취하여
바람에 흩어지는 삶의 노래도
마음의 고향으로 향하고
자연 속의 빛을 머금고
주렁주렁 열매로 맺힐 테니
날갯짓 소리도 여유롭고
마음 가벼운 날 길을 떠날 때
웃으며 맞이해야 하지 않을까요?

장면

테이블 마운틴에 올라 바다를 보니
예전엔 높게 보이던 구름을 뿜어
아득히 수평선 위로
꿈꾸는 바다의 도시처럼
황금의 도시처럼
쫓기는 이 세상 미지의 도시처럼
낮게 구름이 떠 있고
침묵하는 듯
거대한 거울이 되려는 듯
하나가 되고 싶은 듯
빛을 쬐며 끝없이 뻗어 있었네

테이블 마운틴에 올라 도시를 보니
두터운 장막으로 울타리를 짓고
생명들 들어앉아 마음을 쪼개고
옷처럼

무덤처럼

영령의 유물처럼

산을 주위에 두고

자못 부끄러운 듯

비웃듯

지친 듯

그을리며 들어서고 있었네

테이블 마운틴에 올라 일상을 보니

한 마리 비둘기 햇빛으로 파드득

생을 나는 새들 사이로

평화의 바람처럼

愛隣의 기원처럼

풍요의 고독처럼

바람결을 짓고

모이를 주워 먹는 듯

어울리는 듯

눈을 의식하는 듯

그만두지 않는 미완의 생을 쪼네

지중해에서

배는 11월의 지중해에서
홍해를 잇는 수에즈 운하를 향하여
동남동으로 향해 가고
햇빛과 바람이 밀려오는 오전
해는 차츰 떠오르며
성숙한 빛이 되어가며 점잖고
바람은 육지에 다가서며
소녀처럼 숨을 쉬는 시간
돌아가는 자연의 시선을
걸어가는 운명처럼
배는 그렇게 길게 나아가고
긴 여정으로 인해 약해져도
한 줄기 무늬결을 만들려는 바람은
그렇게 계절을 따라 날며
자연과의 삶에 무늬결을 넣고 있다

바다를 사랑하여

넘치는 파도 소리를 품고

주변 땅은 강강술래

바다를 끼고 돌며 자리한다

의뭉스럽기도 한 한 줄기 바람이

육지의 삶을 묻어온다

동쪽 앞 이스라엘에서 불어오는 걸까

바로 그 너머

요르단에서 불어오는 걸까

아니면 동방의 나라

먼 고국에서 불어오는 걸까

뭉치거나 갈라지듯 바람은 불고

어느 날 지닌 마음을 나타내려는가

바람은 쉬지 않고 현상을 만든다

지나는 인연 하나라도 더 새기려는 듯

출항기

자! 또 한 번 긴장하자
쳇바퀴 돌듯 방황에 마침표를 찍고
흩어지는 발걸음을 떠나고
흘러 마주하는 삶처럼
마음을 우러러 바다로 떠나자
꾼 꿈 하나만이 희미하게 남아
다른 일상은 가끔 문을 여는 방에서
바람으로 일렁여 환기하듯 나가고
꿈은 슬프고 허한 마음을 투영시켜
허투루 지낸 삶을 경계한다

일본에서 빠찡고를 하고 난 후
여기저기 길을 걸어 다녔다
방황 속에서는 제 나름 철학 아니면
외면만이 있을 뿐이었다
지나치는 사람들 사이에서

가끔 위장하며 걷기도 하다가
겨울 하늘의 새들처럼
생을 마련하는 눈망울이 비쳤다
연민으로 정이 움트고
새처럼 어디에 속하지 않듯이
알 수 없는 자유가 펄럭였다
아! 날개를 주시옵소서
그들에게도 우리에게도
슬픈 거리를 날기 위한 날개를
그리하여 나아가는 사이가 되도록
하지만 정리되지 않은 슬픈 마음이
침묵의 바다를 부르고
자연으로 나아가
전설 같은 모험으로 마음을 다질 때
마음속으로
어서 그만 출항해야 한다

잠자리의 날개나 새의 날개처럼
연약하여 갈라지거나 털의 또 다른 부영으로
다시 공허한 삶을 떠올리기보다는
비쳐오는 자연으로 추구하는 날갯짓을 만들어
가시나무에 몸을 던지는 가시나무새처럼
아름다운 고독을 향해 출항하여야 한다
바다 위로 멀리
새로이 거듭날 수 있는 참된 출항을
슬픈 눈물을 감추어야 한다
아름다운 삶의 역사를 위하여

커피 생각

그러고 보니 네가 있었다

스물 대여섯 젊은 나이
꽃도 열매도 모른 채
이어지는 바다 건너 브라질
진한 향
쓴맛의 기억
심홍색 과육 벗고
연녹색 씨앗을 볶아
가루가 되고
검게 우러난 물이 되어서야
맛과 향이 피어 담겼을 터
모르는 채 접한 너
그때는 추억으로 흘렀지만
아쉬워 그리워하니
너는 또 다른 변신으로

여전히 가까이

벗처럼 다가선다

한 잔을 마시니

세월 흘러 쓴맛도 덜해지고

살찌는 졸음을 쫓아주니

이어졌을 바다를 보러

몽돌 해변으로 향한다

이순이 다 되어도 설렘 갖고

그러기에 네가 있었다

커피 한 잔

그렇게도 달궈지고
가루 되어 부서졌는데
노래한 것이 없었겠으랴
인연으로 삶이 녹아 담기는
정성이 없었겠으랴
그래 진한 향기가 난다
그러니 깨우는 것이겠지
허튼 마음이 있다면
향기로 깨우고
지친 몸이 있다면
목 넘김으로 깨우고

수만 리 더 멀리까지
고운 향을 피우기 위해
수행하듯 벗어버렸지만
달콤함도 다시 맞아들이니

친구가 많을 수밖에
수고로운 너의 변신에
함께하는 장소와 시간들
추억처럼 매료되고
커피를 마시며
사람들과 내 마음
자못 향기로워지고

황혼

어둠이 머잖아 기약하면
황혼 물든 구름처럼
조용히 짐을 벗어 비춰들고
내 마음 하늘을 우러러
가벼운 낙엽 위로 비워두며
상념으로 물든 여정을 꿈꾼다

무엇을 위해 여태까지 있는가?
옛날에 알지 못한
장막에 싸이듯 마음속에 잠재한
미처 야릇한 기억을
아직 고독한 정서를
더욱 느끼고 싶어서일까?

구름처럼 멍이 들거나
비처럼 중화시키면서

시간이란 수레바퀴 뒤로
놓인 길 하나의 분신으로
새기고 물을 받아
눈물처럼 살고 싶어서일까?

끊어질 듯 이어지는 흐름
끊고 싶지 않아서
가는 빛을 좇으며
슬픔의 그림자를 뒤로 하고
시간을 쪼이며
고독으로 그을리려는 걸까?

고운 빛 붉게 여울지는 황혼
천사의 시선처럼 하나둘
염원을 모아
두근거려 환한 마음이 되고

예비하는 새로운 삶이 되려

기도하듯 좇으며 혼절하는 걸까?

회산도 懷山島

산은
적나라한 육지에서
속 깊이 숨듯 쌓았고
섬은
바다로 뛰어 달려
가쁜 호흡 다져 펼쳤다
보편적 땅에 고독으로 자리 잡아
조용히 산이 숨을 쉬고
유동적 바다를 원천으로 적셔서
씻기듯 섬이 비친다

산을 품은 섬
때론
동화 같은 길을 펼치기도 하고
자유로운 바람처럼
오르내리는 해무처럼

솜털 같은 구름처럼

꿈꾼다

시제를 넘어서서라도

못다 한 꿈 끝내 함께함을

제2부

꽃이 있는 마음의 뜨락

새롭게 자리하며 옆에 다가와 웃는
한들거리는 저 풀꽃이 사랑스럽다

5월에

스며든 햇빛이 잠을 몰고 갔네
바람은 나약한 나의 몸으로 불어
옷을 펄럭이며 부드럽게 두드리네
5월은 미소를 지으며
어느덧 생명이 숨 쉬는 삶처럼
가까이 하나 되는 사랑이 되고
갇힌 외로움을 위로하며
다정한 인연으로 마주하자 하네

이 아름다운 5월
인연이 나를 바람처럼 감싸네
맞이하는 듯한 자연과의 인연에
감춰둔 나의 마음 부풀어
하늘 하얀 뭉게구름을 넘나들고
묻지 않고 오는 현실의 인연에
약함을 앎으로 스스로 찌들어져

가끔은 담벼락 그늘에 빠져드네

인연은 줄곧 덧없이 돌아가지만
오월은 아름다운 빛으로 스며들어
비워둔 마음을 흔드네
잠 깨인 소녀처럼 주위를 둘러보며
생각에 잠긴 나를 떠났다가
어느새 되돌아와
나뭇잎으로 몸을 가리고
스미는 빛으로 와 미소를 짓네

개머루

나무가 자라 있기는

키 큰 농구선수보다 높고

잎도 작지 않게 펼쳐져 있건만

열매는 콩알만 하게 많이도 달려

물어보니 개머루라

먹지 말고 보기만 해야 할 듯

때깔만큼은 빛에 익은 보석 같아

벅찬 마음에 짙어지기도

그윽한 빛에 싱그러운 자태

살아있는 보물은 변화가 많아

하물며 상념 많은 가을날

예상치 못한 조화라도

조바심내지 말고

너를 알게 되어 기뻤어

수많은 영롱함을 만들어가듯

옹기종기 모여 있는 개머루

갯장구채를 지나며

바다로 가는 길 돌계단 가에
한세월 지나간 바닷바람 따라
돌밭 속에서도 펼쳐 자라나던 갯장구채
잘록한 허리 받침 꽃이 지고 떨어져
삭감된 통으로 스며드는 공명
무심한 세월을 기다리는지
아직 잎새는 기도하듯
울리는 장구 소리 기원하는지
여전히 거추장스러운 시선과
쓸데없는 잡념에 남겨진 세월은 퐁당거리며
말라가는 흔적 속에 젖어드는데
비어서 어느 날 울리는 공명
아, 울고 웃었더라도
헛되지 않게 우리 함께했겠네!
어느 세월 흔적조차 찾기 어렵더라도
울림은 영원처럼 나아갈 것이니

꽃순이

얇게 펼쳐 쓸어내려
더위를 비껴내 덜어내고
추위도 비쳐 함께 나누고
가벼워서 무너지지 않아
홀가분한 바람을 타고 춤을 춘다

밝히는 꽃이 질 무렵
짙게 편 아름다움을 내리고
두툼하게 맺힌 사랑
온몸으로 토하듯 드러내고
새롭게 다가올 미래에 숙연하다

돌아오듯 꽃피는 너
얇아서 오늘이 여유롭고
두툼해 내일의 꿈을 꾸는구나!
한나절 빛을 노래했던 너처럼

함께 그윽이 빛을 느끼며 살아보자

달리 영원한 것 없다
삶을 이야기하려 했을 때
꽃순이가 마주하며 건네는 말이다
한 생애 후회 없이 살자고
서로의 운명 아끼고 보듬어보자고

돌아오듯 들러 안부 전하듯 꽃이
오늘 소박하게 눈길 보내는 당신이
여장을 펼치고 꾸려주려는 꽃순이
우리 함께 나아가려는 꽃순이
삶에 겨워도 마음이 예쁜 꽃순이

꽃이라 부를게요

아름답게 있으니 모두 꽃이겠죠
순수한 그대 모습 밝은 꽃이요
그대 마음도 함께 향기롭기를

치열하게 피어나니 꽃이겠죠
땀으로 일구어서 소금꽃이요
그대 정화하며 무너지지 말기를

가볍게 하늘에서 오니 꽃이겠죠
차가워도 순백의 눈꽃이라
그대 고독도 평화로이 감싸길

우리 모두 그런 꽃을 맞이하면
아름답게, 치열하게, 가볍게
삶의 꽃 깊은 품으로 간직하길

우린 모두 꽃을 느낄 수 있고

꽃이 될 수도 있어

힘들어도 참삶이 피어나는 이유

나도수정초

바람이 부른 자리에
소담하게 피었다
이젠 빛나게 머무르고 싶어서

마치고 남긴 자리에
기원하듯 피었다
곱고 하얗게 보내고 싶어서

어루만지듯 애정도
흰빛의 영혼도
수정처럼 품었으면 좋겠다

하얀 영혼으로 딛고 서
빛을 찾고 건네며
꿈을 꾸며 항해하고 싶다

못났어도 간직하고픈

깨달음을 향한 기억

잊어버리지 말고 지내면

어느 순간 우리 영혼

맑은 사랑을 남기고

벅차게 우주를 항해할지도

나비 날개

부추꽃에 나비가 날아왔다
처음 보는 날개 가까이 접혔다
대칭되는 두 장의 날개엔
고운 무늬 숨 쉬고 있다
나비들 스스로는
손이 안 닿는 등 쪽의 날개
누가 저리도 개성 있는
무늬와 채색을 하였을까?
애써 자신을 표현하기 위해
날개를
가시와 꽃잎에 문질렀을까?
날개 달린 자연의 요정이
환상처럼
꿈처럼
남겨둔 삶의 분신처럼
선물처럼 펼쳐 그렸을까?

때론

너무 가까이 오지 말라고 무섭게

때론

관심을 끌고 싶어 화려하게

때론

한 가지 색 마음으로

파스텔 질감으로 곱게 칠해졌다

느낌

스스로 끈질기게 사랑하지만
한편으론 무척 학대하는 것 같다
먹을 것도 잘 안 주고
어쩔 땐 너무 많이 먹여주고
책도 많이 안 읽어주고
스스로 깨치라 멀리 내몬다
풀과 바람을 느끼고 방 안을 보니
텔레비전에 공룡이 보인다
아름다움이 거의 필요 없을 것 같은 세상
그래도 세상이 들어오다 보니 사랑도 하고
먹히지 않기 위해
힘과 몸집도 키우다 보니
배도 차츰 고파지고
더 희생을 요구하던 먼 옛날 닿으니
욕심 없는 풀 한 포기가 피운 꽃이 아름답다

베푼 것보다 신세 진 것이 많다고 느끼는 날
슬픔이 돌아오고
그래도 뾰족한 수가 없다고 느껴질 때
지난 계절 풀꽃의 회귀를 담아본다
모두가 함께하는 자연으로의 회귀
새롭게 자리하며 옆에 다가와 웃는
한들거리는 저 풀꽃이 사랑스럽다
누가 다가왔는지는 정녕 모르겠지만
폐허가 되어가는 집터
옆집 할머니의 인기척에
함께하는 자연의 마음 살찌우고
낯선 나의 발걸음에 긴장 반 반가움 반
누가 더 많이 삶을 털어놓으려는지

마주하는 시간에 바람이 스친다
바람은 늙지 않아

모든 것이 달라져도

그 바람은 있을진대

바람은 모두를 품는 이웃인가?

스쳐 가는 제삼자인가?

존재는 있는데

또 다른 호흡, 신의 선물인가?

들이쉬면 내가 받는 것일까?

풀꽃 향기가 코로 들어온다

나의 체취는 누구에게 전해질지

바람은 자연의 전령인 듯 앞서 있다

욕심이 적으면 고통도 적고

베풂이 많으면 죽음도 두렵지 않으리

열매를 맺어 뭇 생명도 돕고

많던 씨 새로운 탄생이리니

희생하여 감동을 깨우러

풀도 때론 온몸을 내던진다

그를 느꼈는지 바람은

예전에도, 오늘도 함께해서

염원일지 하여 삶을 새긴다

높고 낮은 구름에도

흐르는 물결에도

또한 지켜보는 마음에도

이내 사라질지라도

오늘 함께하는 친구처럼 살갑게

빨래

그대와 잠시 헤어져
햇볕과 살랑이는 바람으로
은총처럼 가벼워지는 시간
그대를 감쌀 날 생각하니
접어져도 좋고
매달려도 좋다

한 줄 추억 같은 자리로
날아갈 듯 춤을 춘다

한없이 가벼워진 어느 날
그대를 감싸 안고
부대낌도 털어내
훨훨 날고 싶고
뒤틀림도 풀어내
멋지게 춤추고 싶다

깨끗해 주위가 밝고

산뜻해 세상이 향기롭다

상고대

극한 외로움에 떨고 있는
꽃 같은 삶을 감싸 안았다
하얗게 피어올라
꽃잎보다 단단해진 고독이
추운 바람을 막아줌으로
그 내면의 촘촘한 맥은
더는 숱하게 떨지 않아도 되었다

바람이 흐르는 은빛 날개를 달기도 하며
흰빛으로 혼연일체가 되는 무렵
길 위에 서는 계통수 같은 사유가
감각으로 흔들리는 나의 눈을 밝힌다

길은 흔들리지 않고 초연하게 섰다
이미 빛은 하얗게 스며있고
간절한 유한함이 지극한 감동이라

반투명한 군상들을 위로하자

모두 함께 아름다움을 담고 있다

빛을 나누는 얼음꽃으로

길이 시나브로 꽃을 담고 있다

석류의 추억

그녀도 좀체 말하지 않았다
다정했으나 그러려니 이웃했다
보내주는 눈빛이 더욱 고왔다
단지 약속이 없어서
야반도주처럼 헤어졌다

게으른 것에 비해 욕심이 많아
품듯 보고만 있다가
온전히 석류 알갱이를 병에 모아
숙성되는 세월 속에 담아두었다
어찌 될지 몰랐다

조그만 충격에 폭발하듯 깨졌지만
다치지 않은 건 운이었다
세월의 유리병에
석류를 담은 것은 옳지 않았다

중첩되는 인연으로 새기거나
마음속에 담았어야 했다
약속이 자랄 수 있게
서로의 빛을 나눴어야 했다

추억의 빛은 이젠 달리 올 것 같다
여태 그녀의 마음조차 모르는 것은
차라리 다행인지 모른다
서로의 세월을 위해서
수채화 배경처럼 스며드는 유혹
여백을 넘어 달리 진행형이다

세월

꽃이 내내 피어 웃지는 않아
밤낮 느낌도 다름이 있어서
한순간의 맹세로는
늘 피어 웃지는 않는구나!

한들거리는 들꽃도 보내고
나무에 움튼 꽃을 보내니
남아 있는 차향 위로
삶이 바람처럼 흘러간다

슬프고도 아름다운 운명
새겨져 도는 전축판처럼
서 있는 그리움 곁에
지난 삶이 새롭듯 돌아오고

은둔

아스라이 옮기며 떠나왔다
나이를 제법 먹었기에 더 쉬웠다
세상살이가 쉽지 않다고 생각했기에
찢기는 듯한 고통도 없었다
추억 속의 믿음을 남기고

바짝 안으로 드니
들켰다고 더 숨으려는 것도 보인다
구석진 장판 틈에도
영역을 들키지 않으려는 삶
변변치 않은 것이라 여긴 구석도
벌레에겐 삶의 터전이었다

가린 벽을 나와 하늘을 보니
구도자 같은 나무가 받드는
또 다른 영역이 보인다

그가 자유로운 조류를 피해 남았다면
난 무엇을 움켜잡고 남았는가
생각하니 바람이 차다

다시 밖은
시간이 우산을 들고 창밖에 섰다
서서히 낮은 곳으로 흐르는지
바다처럼 출렁이는지
많은 날처럼 비가 오기도 한다

때론 우산을 벗어들고
빛의 눈으로 대할 때
쪽문으로 은밀히 받아들였다
그에게서 우산을 얻어 들고
덩치를 가리며 웃곤 했다

그 간의 세월을 보내다 보니

몸이 작아진 것 같다고 화냈다가

많이 가려지니 좋다고 웃었다가

구속할 필요 없이

한참 그를 붙잡아두었다

언젠간 헤어진 사람들과도

곁에 있을 거란 꿈도 꾸었다

이어지는 비

하루의 꿈으로는 모자라
잇듯 추적이며 내리는 비
방울방울 맺힌 시선의 감성이
가쁘게 하나 되듯 맥으로 흐르는데
이 무슨 운명이냐?
너를 닮아보고 싶었던 것이
너를 느껴보고 싶었던 것이
나를 드러내는 거라면
이리 모질게 떠밂으로 오다니
온전히 멀리 흘러서야
비로소 한숨 쉬는 삶이런가
공명하듯 두드려 내리는 비야
맘껏 곳곳으로 적시렴
움츠려 숨어드는 적막감 위로
토닥이듯 부딪히는 비야
다르게 욕심껏 나누지 말고

눈에 비치는 역동성으로

한번 엉켜 녹아들고

두꺼운 껍질 하나 깨워서

너든 나든 멀리 흐르더라도

지치지 않는 꿈 하나 피워보자

진정 서럽지 않을 꽃을

자연 속에서

알다시피 인간이라고
머리 쳐들고
어깨를 쭉 펴고 산길에 나섰다
그다지 두리번거리지 않아도
얼마큼 떨어진 곳에
작지만 눈 좋은 새
제각기 시간을 수놓아 꽃피우는 식물
공생의 공간에 그려진다
각자의 삶은 각자가 주인공인데
눈 좋아 여기저기 보기 좋기는
하늘의 날개 갖춘 새가
화려하게 치장하고 눈길 끌기는
땅의 희망인 꽃이
마음이 정화되는 것은
내가 좋은 점이다
버섯, 달래, 곰취, 멀꿀

자연에서 얻고 나누고

마음이 여유로워

멀리 떨어져 있어도 가끔 찾아와

서로 보고 느끼는 우리는 이웃

안녕하신가

잘들 지내시게

먼 걸음 시선 남기고 지나가네

고맙네

먹을 걸 내주어서

힘들어도 밝게 살아주어서

자연의 시

예전처럼 막연하게 선 채
삶의 조각 이어 나가는 것에서
그만 떨치며 나아가는 것은
시를 품는 거듭날 울림이다
나타내듯 비슷할 필요도 없고
희미한 채 가라앉을 수도 없다
다가서니 묵묵히 화답하는 자연
그처럼 진정한 마음을 열어보자

같은 청춘이 아니더라도
곁에 각양각색의 나무와 풀꽃
무르익은 열매나 씨앗 품고
끝 모르게 떠날 여행을 꿈꾼다
안팎으로 깨우듯 시가 울리면
자연 속에 함께 삶이 무르익고
그윽한 향기가 밝게 드리우니

시와 함께 여행할 때가 온 것이다

되돌아오지 못하더라도
거듭나듯 간 것이 진정한 길이다
미련에 머뭇거리기도 할 테지만
빛처럼 밝혀 시가 함께할 테니

작은 꽃들을 보며

겨우내 막힌 추운 방을 나와
사월의 봄을 품으려 햇살 가득한 밖에 나섰다
바닷가 낮은 섬 집에서 나와 가까운 산에 오른다
'향기는 내가 맡을게' 쾌활한 유채꽃이 곳곳에 밝다
노랑은 추웠던 땅에 빛나는 마음의 괭이밥꽃
빨강은 사랑의 아름다움을 노래하는 살갈퀴꽃
식물들은 그렇게 공생하려는 듯 노래하고
나의 가쁜 마음속 언어를 두드린다
잠시 쉬던 뭇 새가 길을 비켜주는데
풀과 덩굴이 여백을 좁히고 있다
섣불리 밟고 싶지 않아 내려오는 길에서
벌써 나이 육십이 넘었다
자연은 개의치 않듯 오늘로 다가오는데
깨달음의 시간은 오랜 세월 지나서 왔다
다시 훗날 불현듯 깨달음의 시간이 왔을 때
'괜찮아, 한없이 가벼워져 더 높이 오를 수 있으리니'

그렇게 말할 수 있을까?

혹 기억해낼 수 있을까?

무리 지은 작은 꽃잎들은 환하게 웃는데

먼 길 온 듯한 나그네로 순간 서서

사월의 따스함을 느끼며 미래를 묻는다

풀꽃 (1)

그 무슨 드넓은 꿈으로
쫓기고
꺾이고
가려져도
또 싹을 틔워
가느다랗고 넓은 모습으로
빼꼼히 모습을 보이는지
아픔도 모르는지
어느 한순간
온전하게 하늘 아래
밝게 살아보려고
또 뿌리를 두고
새로운 시작을 하는 모습

희생의 근간인 역사에
아픔이 있더라도

다른 곳에 분신이 행복하다면
망각으로 사그라져도 좋아라
애초 현상은 영원하지 못한 것
가늘게 태어나고
가볍게 피어나도
삶의 이상이 있어
맥으로라도 영원할 수 있다면
고통을 잇는 욕심을 내려놓고
가벼운 바람처럼
가느다란 선율처럼
노래하며 살아가네

풀꽃 (2)

먼 섬에도 한껏 자유로운 바람에
꽃씨 날려와
저 외진 곳 등대까지
싹을 내린 별꽃도
고독에 물든 등대의 친구 되고
바닷가 돌밭 길에
한 줌 흙이라도 있을까?
틈을 내어 피어난 갯장구채꽃도
지친 철새들에게 위안을 주네

햇빛 따사한 날은
나른한 짐승이나 산책하는 사람
풀꽃처럼 욕심을 내려놓고
가만히 그 자체로도 행복한 시간
그 무슨 일로
배척하면 아쉬움으로 떠나는데

꽃은 스스로 떠날 수가 없네요
가까이 힘든 일이 벌어져도
폭우가 쏟아져도
부드러움이 다할 때까지 자리합니다

뙤약볕으로 타들어가도
기도하듯 한 움큼 흙을 붙잡고
애써 무한한 자연의 꿈을 꾸네요
스치는 영혼처럼 자리하며
인연을 이으려는 혼이 새로이 피어나고
오늘의 우리에게
미래의 빛을 노래하자는 듯
뽑히거나 쓰러질지라도
운명처럼 애써 노래하네요

풀꽃 (3)

풀
그대의 존재를 접하고
어떻게 받아들여야 할지는
해를 넘기고도 여전해
지켜주지 못해 뜯겨도
다시 또 찾아왔다
모르는 체해도 조용히 남아 있고
알은 체하면 고단해도 미소 짓는다
시간은 흘러가고
저 멀리 바다 맞닿은
무인 등대까지 이르러
바닷바람 기어오르는 절벽
외딴곳에도 자라나 마주한다

꽃
바위틈은 가난한 풀의 보금자리

흙과 물을 수용해

영혼 같은 꽃을 피우려는지

비와 천둥에도 떠나지 않고

꽃은 바위의 등을 어루만지고

고개 내민 아기처럼

출렁이는 파도를 바라본다

푸르게 맑은 날

바위에 패인 주름살로

미소처럼 역사가 스며든다

한 맥 한 결이 도와

터전을 잡고 싹이 올라

고독을 감싸 안은 꽃이 핀다

풀꽃 (4)

부르는 이 없어 풀이 되어
떠오르는 그리움 맥으로 새겨두니
온누리 수놓아 열린 눈길
고운 인연 잇고자 꽃도 피었어

두루 빛처럼 여행길이 닿아
멀리 바람에 날아다니기도 했고
하루를 숨바꼭질하듯 숨고
지친 고독을 달래듯 이웃하네

끝 모를 인연의 여행길
어디까지 함께할지 몰라도
기억, 추억처럼 또 돋아나 주었었지
정처 없는 나그네 벗해 주었었지

허름한 내 정원에도

너를 벗하게 살포시 싹트렴

나도 덩달아 자유롭게 꿈꿀 수 있게

나도 오롯이 새긴 꿈 꿀 수 있게

제3부

자연에 마음을 띄워

습관을 벗어나는 용기를 내어서이지만
욕심은 온몸에 두루 뭉쳐 육신을 무겁게 한다

국수 먹는 날

간편한 요깃거리
국수를 먹으려고
국수를 삶아 보네
호기심 두리둥실
삶은 면 물에 씻고
주위의 관심 더해
맛내는 양념 넣고

기다란 국수 면발
장수를 상징해서
우리네 잔칫상에
오르는 별미라네
욕심껏 먹어봐도
별 탈은 없을 듯해
마음도 평화롭네

면발이 짧다 해도
먹기에 편하도록
잘라서 주었으니
긴 미래 생각해서
오늘은 시시비비
서로가 양보해서
따지지 마시고요

국수를 마주하며
담백한 맛을 내는
그 마음 영원하리
면면히 내려오는
우리네 인정이니
연인들 밀당하듯
모습도 정겹다네

꿈에 쓴 시

공허한 마음에 하나의 영감은
보물을 주는 듯해 기꺼이 붙잡지만
꿈에 쓴 시를
잠이 깨어
밀려오는 잡념의 유혹에 빠져
잠시 후 꿈을 생각하니
희미한 기억뿐이
무지개처럼 맴도는 것 같아

그 꿈을 나타내기 위하여
다시 잠을 자려고 눈을 감아도
잠은 저만치 눈치나 보고 있고
새로 잉태한 잡념이 꼬리를 물고
꿈에 쓴 시는
그 당시는 생명이 있었지만
정작 새로운 세계에서는

잊히는 생의 유희 같아

한때의 나약한 현실이 싫어
꿈에 쓴 시는
꿈으로 밀착해 의식을 파고들며
새로운 줄기 같은 맥처럼
다정한 연인처럼 오면서도
낡도록 이웃하다 떠도는 낙엽처럼
새로운 생의 거름이 될지 모를
나그네 같은 역사 같아

다른 것이 내면의 소리처럼
혼동을 줄 때
꿈에 쓴 시와 함께
꿈은 방황하는 슬픈 여로가 되니
간직하는 마음이 중요한 것

꿈은 아쉬워 추상으로 따라다니며
묻어두다 떠오르는 힘든 삶을
저만치 기억하려 되뇌는 것 같아

훗날 진정 이끌어준 영혼으로
다시 꿈에 쓴 시는
어두워도 밝음을 잉태하고
눈을 감아도 흔들리지 않게
삶의 뒤안길에도 가꾸는 생명력으로
창조의 은총을 입고
비워두는 삶에 투영된
선물 받은 생의 경험으로 자리하소서

도깨비

꿈결처럼 내가 느낀 도깨비는
자연을 좋아하는 도깨비
꽃이 피고 시들고
나무 자라고 꺾이거나 썩고
자연 속 흥망성쇠도 바라보고
비집고 풀이 자라는 것도
되도록 밟지 않으려고
한 발 들고 다니다 퇴화되고
어느 시절로 거슬러 올라가는 걸까?
불쌍하다 선물 받은 방망이 하나
무척이나 기뻐했던 도깨비
오달진 마음으로 어느 날
바위에 서서 멀리 민가를 보고
깔끔하고 다양하게 예쁜 정원
가까이 구경하고 싶어 찾아오니
사람들 홀린다고 피한다

오랜 세월 자연에 동화된 눈

알려고 하면 묘한 눈

외면하려 하기엔 신경이 쓰이고

방망이 때문에 함부로 못하고

강단 있는 사람들 망각으로 배척한다

꿈결처럼 내가 느낀 도깨비는

자유분방한 도깨비

한껏 변장하고 곁에 와서

밭일, 정원 일하는 사람 보니

열심히 뽑고 자르고 가꾸고

나라면 아플까 손대기 꺼릴 텐데

예쁘게 정돈된 모습은 보기 좋고

꽃과 나무 아무렇지 않은 듯 보이네

모든 식물 생명과 자유가 있는데

정돈된 모습은 보기 좋아

무엇이 옳은지 갈등하는 도깨비

아기자기한 사람 만나려고 하면

삶에 바쁘다고

다르다고 싫어하니

한 번씩 바람처럼 왔다가

안부 묻듯 꽃구경만 하고

혼돈으로 무성한 숲

자신을 알아보는 친구 같은 새들

깊이 숨어 있는 절정의 꽃들

더한 고독과 자유가 있는

산으로 돌아간다

동짓날

어둠이 길어

밤잠이 깨어 둘러보니

놓이고 걸어진 존재들

낯설게 조용히 자리하고 있다

지켜야할 것 건너

새겨질 무늬나 형체가

어떻게 다가올지 침묵하는 것처럼

비닐봉지에 담긴 온정어린 동지죽

한때 일에 치여 실족하고

모서리에 부딪혀 고환이 파열된 기억

보상과 환상을 위한 꿈의 노래인가

미래 자유롭게 날 희망처럼

뿌듯한 내재를 바라는 염원과

알 수 없는 이후를 손짓한 보시인가

날이 밝아지며

놓인 숙제 같은 운명들은

새로운 일에 치일 듯 시간에 덮이다가

자유로움과 얽매임

하나둘 합창으로 여울져

다툼 없이 가벼워지길 희망하며

단순히 욕심으로

허기를 느끼지 말자며

낮에 이웃 어르신이 준 동지죽

저녁이 되어 데워 먹었다

혼재한 삶처럼 짙붉은 팥 속에

희망처럼 드러나고 싶은

희끗희끗한 알들을 느껴보며

서서히 굴곡처럼 긴 허기를 채웠다

딱새

작은 방에 작은 손님이 있었다
눈을 마주하자 이내 그는 자리를 떴다
하지만 내가 선 입구 말곤 모두가 벽
이리저리 날갯짓하는 새
스트레스 주고 싶지 않아
되도록 부드러운 눈과
시선을 회피하기도 하고
창문을 열어두었다
거실로 날아간 딱새
안방도 거치고
이리저리 날아다니다 물건 위에 앉는다
이제 출입문도 열어두었고
자리를 비켜주었지만
좀체 나가려 하지 않는 모습
함께 지내며 친해지고 싶은 것일까?
밖의 찬바람이 공간을 채우고

차라리 밖이 더 따뜻할 것 같은 느낌

어느 사이 새는 보이지 않았다

공존해야겠지만

가까이 공생하기는 어려운 일

사람은 자기만의 공간을 원하니

그것이 생각보다 넓어

새가 어느 부분 나누고 싶었을까?

주위에서 가끔 본 딱새

무성하고 자유분방하게 자란 텃밭 정리해

모습을 감춘 한참 지난 시간

같은 느낌의 새였었나

공백을 흔들며

소통으로 방문한 새 같다

하지만 다름이 있어

무슨 탈이 날 수도 있거나

속을 썩일 수도 있는 현실

아마 들어왔을 화장실 허름한 환풍구 자리

막아야겠다

비록 그가 섭섭해할지 모르지만

친해지고 싶은 시선과 날갯짓 몸짓

순간으로 남기고

내일 아침 또 모습을 보일까

궁금한 밤이다

그래도 소통의 창구 하나

어디라도 있으면 하고 마음에 둔다

바이러스

잠자리에 누웠었다
비몽사몽 간에 문 여는 소리가 들린다
누가 이불 속으로 들어왔다
뒤쪽에서 말을 거는 것 같은데
고독한 밤에 여자 같은 느낌
아니 중성인가? 혹 양성인지도 모른다
쉽사리 일어날 수 없었다
몽롱하고 이상한 일
한편 유혹으로 느껴지는데
아마 발로 허리를 감는 듯했다
요염하게 느껴지는 일이다
그런 존재가 바람직하지 않으리라
누군지 보려 했다
눈이 떠지지 않았다
몽롱한 상태가 지속되었기 때문이다
마음을 다잡아

눈을 떠보니 아무도 보이지 않았다
계속될 수 있는 진행에서
눈을 뜸으로 그만 끝냈다
일종의 감염을 막은 것이다

맨손을 자주 씻음으로
타인과 접촉을 피함으로
마스크를 착용함으로
감염을 거의 피할 수 있다고
매체는 자주 이야기한다
하지만 무의식 속에 올 것 같다
때론 달콤한 무위로
때론 무너진 변화로
가까이할 것 같은 예감이 들고
후회 속에 시간은 많이 흘렀다
남은 삶 주위를 여전히 맴돌고

때론 변형된 모습으로

나와 타인에게

타인을 통하여 내게 들어오려고

없는 존재처럼 작게 쏘다니며

가까워진 세계로

어느덧 곁에 서성이는 것 아닐까?

고독처럼 뚝 떨어진 섬도

예외일 수 없다는 듯이

미세한 점 하나라도 전하려는 듯

깊은 밤인데도 어디선가

공허한 기침 소리가 들리는 것 같다

빛바랜 혼

옛날에
비록 부관참시도 있었지만
죽은 자를
연민으로 대하는 것이
우리네 인지상정이니
배척하려고만 하는
사람이 없으면
죽어서 슬픈 건
스스로 세상일에
관여할 수 없다는 것뿐

주위에 떠도는 혼은
살아 전생에
인연으로
한으로 남아 맴돌다가
멀리 저세상으로 가지 못하고

더욱 시간이 흘러

인연도 한도 퇴색해

어느 날 천둥소리에 놀란 후

희미한 옷깃처럼

주위에 나풀거리는지

거센 바람에

시끄러운 밖을

나는

어둠 속에 비몽사몽

방에 누워서 걱정하고

남겨진 혼은

상념에 싸여

처마 밑에 웅크리고

세차게 흔들리는 꽃들을

쓸쓸히 바라보고 있는지

희미해진 혼은

허무한 날

음산한 기운으로 남아

구석으로 흩뿌려진다

바람 불어 떠나는 낙엽처럼

조합을 이루려는 듯

꿈틀대기도 하고

순간 빛을 띠었던지

바람에 일렁이다

이내 풀숲으로 숨는다

산불

산불이 일어난다

묻혀 피어나는 많은 세상 같고

새들 지저귀는 평화로운 산에

바람에 춤을 추는 거대한 불

하늘 위로 도망가고

땅속으로 숨고

서둘러 뛰어가고

포위당하거나 느린 대처는

앞을 가리는 연기 속에

질식과 함께 소멸하여 간다

한해살이풀들부터

수년에서 수십 년 이상

삶으로 뿌리내린 식물들이

동물에게 은혜로운 선물인지

함께 교감할 동반자인지

미처 그들의 삶의 깊이도 알기 전에

침범으로 휘돈다

과거의 덮인 일상처럼

바람에 나부끼는 가벼움처럼

환상처럼 느껴져 비치는 때

감당키 어려운 열기가 일렁인다

생명이 깃들고 자라고

감아 드는 덩굴로 채워지고

빛과 바람을 품지만

빛이 극한 방황으로 변하여

부딪치길 좋아하는 바람으로

수많은 느낌과 모습으로

살아온 세월에 잇닿아

여태 주체하지 못하고 막막해져

화석화시켜 가라앉혀 버리려는 듯

흐르는 시간에 버거운 내 마음에도

덩그러니 남은 산이 비친다

채우는 자연이 무너진 채 슬퍼

내 마음에도 산불이 난다

생로병사

안 운다고
아프지 않은 것 아니고
많이 늙었다고
어렸을 때가 없었던 것 아니다
눈물겨운 시간도 가고
폭풍 같은 세월도 흐른다
얼마의 세월이 흘러
힘이 강해지는 것도 있고
얼마의 세월이 흘러
생각이 깊어지는 것도 있다
그러다 보면
그대의 느낌이
내 느낌이 될 수도 있고
내 느낌이
그대의 느낌이 될 수도 있다
바람이 분다

머나먼 애인의 호흡처럼

햇볕이 내리쬔다

따스하길 원한 추억처럼

여러 새가 난다

오롯이 오늘을 느끼자고

생로병사

모두에게 손을 내미는

자유롭고

한적한 꿈을 향하는

모름지기 자연의 시간

가까워 슬퍼하겠지만

사라져서 새롭게 돋아나는

역설적인 삶의 역사

소리에 향을 피운다

자 이제 불이 붙었으니
모기가 싫어하는
불완전 연소를 시켜
빨대 쓸 기력을 없애야지
자비롭지 못하다고 말하지 마
적지만 피를 뺏어가고
가려움에
질병까지 옮길 수도 있는 너
너의 집요함은
스스로에 뿌리박힌
본능과 이기적인 것
네가 날 때 소리가 나는 것
경계감을 준다는 것
상대에게 배려처럼 보이지만
너의 근심일지도 몰라
우리가 세상에 행할 때

알게 모르게 따르는 것이
우리의 근심이 아니기를
이기심에 멈추지 않기를
네가 이슬로만 살 수 없겠지만
우리도 물로만 살 수 없어
달리 살다 보면
희생이 요구되는 만큼
희생을 요구하더라도
우리가 내는 보이지 않는 소리를
운명으로만 치부하지 않기를
망각하거나 외면하지 않기를
한쪽으로만 치닫기 좋아하는
사람들의 모임 소리에 향을 피운다
서로의 삶을 위로하는 향
돌고 돌더라도
완전 연소로 승화되길 바라며

시계

내 예전 시계 똑딱똑딱

절도 있게 바늘 가서

쿵덕쿵덕 세상살이

덩달아서 요란하고

또 다른 시계 깜박깜박

윙크하듯 숫자 돌아

타박타박 일상생활

점멸하듯 이어가고

내 바꾼 시계 하나하나

밀려가듯 바늘 가서

미끌미끌 광음 여전

다소곳이 마주하네

시를 부르다

노래를 부르려 시를 연다
산책하듯 마음 열고
감동으로 위안하듯

노래하며 시에 다가선다
풍부한 호흡으로
충만한 느낌으로

마음으로 노래를 부르자
방점으로 정열 꽃피우고

공감을 위해 풀기도 하려
달리 노래하듯 랩도 좋아

자극적 고음에 연연친 말고
마음이 풀리면 좋은 거야

내면을 울리는 공명으로

맘껏 노래하면 되는 거야

내가 흠뻑 정화되고 나서

나아가 함께하면 좋은 거야

오징어

힘들 것 같아도 독을 품지 않았다
상어 등이 주위에 있는데
먹물도 몸에 좋다니 피함조차
순수한 본성으로 다가온다
무슨 간직하고픈 것이 많아서
벨렘나이트 이후로도
넌 크게 변모하지 않았다
바다엔 강한 것보다
너처럼 순수한 것이 많아
바다가 희망으로 푸른빛인가 보다

모두는 현실을 안고 살아간다
어느 순간부터 주어진 삶은
희생이란 주고받음의 연속
핏빛 최강으로 가기보다
사는 동안 잘 살아가는 거야

삶과 빛은 불가분이라고
발광체로 빛을 노래하고
깨달음을 나눌 수 있다면
삶은 허무하지 않았다고
메시지 담을 먹물도 품었다

먼 곳을 항해하고 초탈하여
분신 공양하듯 빛을 보낸다
기묘하게 생겼어도
사는 것이 녹록지 않아도
모두 존재하는 의미가 있다
약자처럼 보이는 자를
결코 억누르려 하지 마라
오래 자리를 지키고 있거나
하룻밤 빛을 따라가더라도
죽음 너머까지 이르려는 뜻이다

빛처럼 항해하고픈 유연한 족속

희생은 누구나 떠나는 순간까지 있다

삶이 여전히 힘들지라도

억지스레 굳어 외면하지는 말아야 한다

인연

인연이 모두 행복한 것은 아니겠지요
지나 보니 슬픔으로 비치기도 하고
버겁게 다가오기도 하여
연기나 구름처럼 피어 나가
공허한 공간으로 떨어져 나가죠
푸른 하늘에 하얀 순간의 무늬처럼
인연이 필연이 되기 위해선
서로 더 성숙해져야만
또다시 만나며 지속하는 것이겠죠
서로의 미소가 어루만져 주고요

비가 오나요?
그 누구의 아픔이 맺히고
길 떠나 순백으로 한참을 떠 있다
이젠 만물을 적시나 봅니다
어쩌면 묻어둔 우리의 이야기

어느 한 부분인지 모르죠

예전보다 좁아진 외연
마음은 어떤지 모르겠지만
마음의 정원
생명력으로 적셨으면 좋겠어요
가까이 오는 빛 번져
마음의 향기로 잇닿았으면 좋겠어요
희미하게 변해 쏟아지는 비
지나가는 슬픈 뒷모습은 아니겠지요
또 만났으면 좋겠어요
전에 만났던 풀꽃의 이야기처럼

잠자는 시간

갇혀 있던 테두리에서 벗어나
초연한 마을로 걸음을 옮기고
이어 맞이하는 조용한 삶
자연의 영혼과 팔짱을 끼고
고단함을 쓰다듬으며 잠을 잔다

한 가닥 잠재한 무의식의 발현이
둥지에 깃을 내리고
그렇듯 흐르는 생의 역사를
아는 듯 모르는 듯 초연해지며
비워두는 환상으로 잠을 잔다

잠자는 시간에는 욕심도 없어
단지
희망만이 마지막에 허공으로
자연의 영혼 앞에 돌아와

너불거리듯 미소를 짓는다

잠자는 시간에는 소리도 없어

단지

여태 솟아나는 기쁨과 슬픔

신성의 전령과 어울려

영혼으로 보내며 맞이하는 것

종소리

온통 지쳐버린 몸은

무너진 나무처럼

서서히 죽어갈 뿐

그런 나무가 내 몸이라면

그런 내가 그대라면

과정의 순간 속에 빠져

서로 명복조차 빌 수도 없다

호소하는 듯한 노랫소리는

또 다르게 계속되어

여기저기로 감정을 틀어놓고

한참 지나면

적막에 가지런히 드러누워

덩달아 세월에 겨워하는데

때앵~

안을 두드리어

울리는 파장은 낮게 물결쳐

사뿐 땅으로 내려앉고

터지듯 울려 떠오르는 아픔은

바람결로 하늘에 오른다

저 먼 땅까지 떨어져

씨앗도 깨워

오롯이 함께 간직하고자

또다시 밀려온다

때앵~

깨우는 소리가 들린다

마음을 깨우더니

나 닮은 그대도

닮지 않은 그대도

떨쳐 신나게 뛰어보자고

깨우는 소리가 들린다

박애로 다다르고 싶어서

연민으로 감싸고 싶어서

종소리는 그렇게 다가온다

슬픈 삶 일으키는 유물처럼

중심을 맺고 울려 퍼진다

종점

집요하게 남겨두려는 것과 실랑이하다가
일어나 불을 켰다
알게 모르게 많은 것과 이별한다
남겨두는 것이 의미가 없어질 무렵
하소연하려 하지도 않고 홀로 떠난다
큰 준비도 없이 떠나는 길로
너무나 가벼워져
내일을 기약하거나 계획도 없는
태고로 돌아가는 길
호기심으로 눈을 뜨고 밖을 보다가
눈 감고 졸다 다다른 종점 근처
아는 이
모르는 이의 모습도 스치고
머잖아 나도 시간의 흐름 속에 스치리라
모든 것을 녹이고 분해하는 시간
그 후의 이면에는 무엇을

보여줄까?

겪게 할까?

그래도 얽매이는 것이 적어 다행이다

하여 피곤할지 모르는 내일도 걱정 않고

이 한밤에 눈을 뜨는 것도 감사하다

습관을 벗어나는 용기를 내어서이지만

욕심은 온몸에 두루 뭉쳐 육신을 무겁게 한다

그래도 순수한 한 조각 시간을 붙들고

한편 다른 모습으로 섰다

물방울 튀는 화장실 구석의 거미나

습기 많은 날 주로 벽에 보이는 민달팽이가

똑같은 존재인지 모르는 것처럼

여전히 같은 모습으로 보이지만

내 의식이 녹지 않은 시간을 붙들고 있다

치매처럼 세월이 흘러

의식도 퇴색하겠지만

슬프더라도 값진 시간을 품으려는 것처럼

시간 속에 해체되더라도

개성의 탑을 쌓으려는 듯이

어차피 유한한 삶

길고 짧은 현실을 조각조각 느끼다가

흐르는 물처럼

굳어진 돌처럼

장차 시간은 모든 것을 덮으리라

주변을 점유한 사람들이 때론 들춰내려 하지만

몇 개 활자가 새겨지듯 비칠지라도

한 겹 두 겹 덮어

이미 다른 시간이 와 있지 않겠나?

잠들다 깨서 와버린 종점처럼

어느 순간 깨치려는 듯 묻겠지!

그대는 어디에 있는가?

왁자지껄하는 군중 속에 있는지

고독 속에 있는지

미래 속에 있는지

희미해진 과거 속에 있는지

버거운 삶의 치매 속에 있는지

그리곤 그조차도 모를

새로운 세상이 대신하여 있는지

종점에 많은 것들이 서성이고 있다

모든 것이 새롭게 리셋되는 것 아닐까?

달리 호기심이 일기도 하지만

저 멀리 떨쳐 벗어나고 싶다

분열로의 망각은 너무나 싫어

지금

지금이 좋다
붙들지 못한 시간도 지나
젊었을 때도 그립지만
과거로 돌아간다면
스스로 더욱 채찍질할 것이고
안 되면 더 힘들어할 것이니
멋모르고 했던 그때가 지났는데
과거로 돌아가긴 싫다

어디 시간이 내 마음이던가
대중 속에서 고독이 그립고
고독하니 우울도 느꼈는데
과거로 돌아간다고 다르겠는가?
현실의 무게는 그대로이고
더욱 분투만을 외칠 텐데
비록 보잘것없다 하더라도

힘들 때도 그럭저럭 살아와
더욱 자유로움을 느끼는
폭넓은 지금이 좋다

생명을 위한 희생도
고단한 흔적 같은 넋두리도
더 피하려 하지만은 않고
폭넓은 수용의 나이
보다 적극적으로 깨달으려는
지금이 좋다
더욱 모든 것을 내려놓기도
세월 함께한 깨달음도 가까운
속 깊은 지금이 좋다

해변에서

푸른 물결 출렁이는 바다
어려선 먼 곳에 있던 세상이었으나
젊음이 넘치던 시절
오대양 육대주를 닿게 해준
운명 같은 친구였다
이순을 얼마 안 남기고
해변에 몽돌 구르는 듯한 소리
바다 풍경 보러 나온 내게
파도와 바람이 거세게 다가온다
섬의 품이 얼마나 넓고 깊을지
바람은 거침없이 섬을 향하고
파도는 하얗게 부서져
발치 앞을 적시며 당겨
바다의 깊은 숨으로 인도하려 든다

한 무리 모여 바다에 배를 띄우고

움직이는 공간을 집처럼 마련하고

바닷속 요람처럼 흔들리기도 하고

잔잔하게 큼지막한 무지개도 보고

롤러코스터처럼 요동을 함께하기도 했다

이젠 홀로 빈손으로

더 가까이 다가서지 못하고

몽돌 구르는 듯한 소리를 듣지만

구르는 것은 잘 보이지 않고

쏠려 나가는 소리가 대신하는 듯한데

흘렀던 시간은

대신하는 것 없어 보이니

몇 개 과거를 되새겨보다가

나도 바람 따라 섬에 든다

행복한 사람

가진 것도 있고
부족한 것도 있지만
큰 욕심 없이 사는 사람이
행복한 사람이다
욕심에 빠지면
가진 것도 부족하고
부족한 것의 노예가 되고
정신적 파멸에 이른다
욕심을 느끼지 않는 자가
행복한 사람이다
그의 뒤를 복이 따르고 있으니
욕심에서 자유로운
삶이 이어지고 있으니
스스로 행복한 사람이다
온전한 자신을 갖는 사람이다

제4부

추억을 그리며

사라지거나 영혼으로 수놓을지라도
주어진 황혼 또한 받아들여야 한다

2021에서 2022

흰옷 입은 소가
서편으로 떠날 채비를 하니
함께 맞대고 살아온 정으로
눈빛 나누고 배웅을 하련마는
코로나로 주위가 어지러워
주로 흰 마스크 쓰고 살면서
침묵에 많은 나날 잠기고
들려오는 소리조차 힘들었네
곧 동편 바다에서
검은 옷 입은 호랑이가
한번은 배 타고 온다지 않나?
여태처럼 위엄 있는 호랑이
파멸로의 기운 코로나 바이러스
활짝 걷어내 없애준다면
참삶의 길로 인도하여 준다면
눌린 세월도 섧지 않다 하려네

건축 공사장에서

점심 휴식 시간
숨을 곳 마땅찮은 일상이
짓고 있는 건물 터진 곳으로
허름하게 죄어오듯 추운 날
햇빛이 들어와
나무판자도 따스하게 요가 되니
들어선 여유로 미소도 움트고
한순간 구름이 끼어들어
한가로운 자유가 근심되어 오니
추위에 웅크리며 뒤척인다
빛을 찾으려는 때의 내게
구름은 추위에 덮지 못하니
포근한 이불이 아니요
태양은 더욱 멀어도
비추니 오는 걱정을 덜어준다
이 건물에서 살 사람 모두

한겨울에도 따스함을 채우고

알콩달콩 꿈을 꾸었으면

서로의 피어나는 미소가

쌓으려는 공생의 발걸음에도

비치는 햇빛처럼 잇닿는다면

내 몸 일으켜 고단해도 좋다

기꺼이 마음에도 고운 집 지으리니

까치 소리

밖에서 가가가각

중저음의 소리가 들린다

생각해보니 새소리일 것 같다

대문도 걸어놓은 집에

누가 찾아왔을까

고독해서 내는 소리 같다

어두운 밖에 나가 보니 새 하나

나를 대하자 거리를 두며

소리를 내고 반가운 듯

한편 경계하듯 몸을 움직인다

짝을 부르고 있었던 것인지

외로움을 삭이고 있던 소리였는지

조금 뒤 더 가까이 가니

옆집 지붕으로 날아가서 앉는다

새어 나오는 TV 소리에

귀를 기울였었는지
TV를 끄니
그 새소리도 더는 들리지 않는다

어둠 속에서 본 새
초록색도 느껴져
혹 유리새일까 생각해보았지만
울음소리로 더해보니 까치였다
날개를 가진 새들
꼼꼼히 붙잡을 손
부드러운 입술은
자유를 위해 내려놓았지만
다른 것은 또 다른 관심이야
차이를 두고 공존을 희망하는
침묵에 덧씌워진 소리
그런 의미가 마주하려고

나지막이 지저귀는 소리

적이 닫힌 삶에 보내는 소리

별빛의 상심

그 길이 그렇게 힘든 것인가요
끝 모를 인연을 멈추고
다른 듯 지속되어 떠나는 것이
그 길이 그렇게 외로운 것인가요
하나의 혼불이 되어
먼 우주로 밤낮 나아가는 것이
지저귀는 작은 새도
이생에서 함께하지만
마냥 기다릴 수 없어
처음처럼 홀로 왔듯이
그렇게 내려놓고 떠나는 거겠죠
살아서 함께함으로 족해야 하나요?
어느 고독한 별의 희망으로
생각하는 생명으로 태어나
둘로, 셋으로 어울리다가
머물다 별의 품으로 가는 거겠죠

오늘도 별들이 슬퍼할

원치 않는 많은 생명이 죽습니다

일상의 터전에서

전쟁 중의 우크라이나에서

어찌 눈먼 자신에 의해

자주 타인의 지독한 이기심으로

되돌릴 수 없는

슬픈 빛을 띤 눈물이 어립니다

연약한 모든 이여

상심을 닦아주려고 떠나는가요

시간이 흐르며

상심으로 별빛이 희미해지는데

비 내리는 하루

상처 난 가슴에서 흐르는 피
거기에는
억눌린 인내의 쓰라림
피지 못한 감성의 눈물
마비되는 듯한 외면의 무지
그들 슬픈 유산이 내려와
어느 줄기는
변화시키고픈 페미니즘으로
듬성듬성 돋아난 희생을 밝혀 들고
어느 줄기는
끝 모를 에움길로 흘러들어
힘겨운 일상으로 헤쳐가네

비 오는 날 고인 물이
맥처럼 사이사이 적시다가
갈래갈래 아래로 흘러가듯이

비를 맞고 아래로 따라가니
거기엔 아늑한 집이 있고
남녀노소 가족이 있다
집 근처엔 다른 집이
오늘 왠지 타인의 성처럼
우울하게 비를 맞고 있다

어울려 함께 사는 이성 사이에
누가 우월해야 하겠는가
평등을 넘어 조화로움으로
나아가 더 조화로움을 예비하는
공존의 세상이었으면
이 비가 벽으로 막히지 않고
드넓게 평화를 적셔 흘렀으면
차이를 치유하듯 내려 상처는 아물고
어느 때 모두의 무지개로 피어나길

비몽사몽

턱을 넘어 서서히 찰랑거리던 물이
넘쳐 신발을 뜨게 만들고
이내 흐름 속에 움직였네요
정신 차려 부리나케 챙기지 못한
한쪽 신발 찾으러 집을 나섰지요
더 높이 떠올라 신발이 떴지만
은하수는 영원의 길
너나 없이 가끔 꿈을 꾸지만
실은 아직 땅을 딛고 살아요
낮은 곳으로 흐르는 물의 방향을 찾아
다리 밑이나 하천으로
먼저 가서 기다려야 했어요
길의 방향을 개의치 않는
물의 흐름을 앞서야 하니
조바심으로 정신이 없네요
가까운 개울, 그보다 더 먼 개울

신은 춤을 추며 흘러가겠지만

그건 자유가 아니겠지요

잃어버린 외로움의 길이죠

함께하지 않으면

남은 한쪽도 외로워질 테고요

일순 젊음이 숨 쉬어 느껴지는

이런 긴박함이 꿈이었나요?

꿈 깨인 아침도 아름다워야해요

먼 듯 가까이 숨 쉬고 있으니까요

어쩌면 꿈속의 신은

내 맘대로 할 수 없는

지나가는 당신의 마음 같네요

빈집

주인 떠난 집 뜰 텃밭
누군가 왕래하는 텃밭엔
늘어선 상추, 파 등의 채소
인연의 허기를 달래고
대문 없는 외딴 섬마을
텃밭 모퉁이에
양귀비 두 포기 꽃이 피어
외로운 나그네 맞이하네
주위의 휘파람새 소리
따뜻한 오월의 여유
늘어진 해처럼 이웃한다

일상을 드러내 치유하는
한낮의 밝은 오월
지쳐 허름한 빈집은
빈 고독에 묻히면서도

너무 안타까워하지 마라

하나의 삶이란 그런 것

애써 몸을 추스르고

비워도 채우는 이 있고

비워도 맞이하는 이 있고

비워도 이웃하는 이 있는

한적한 섬마을 빈집

생선찌개

물 밖 바람 사이 가벼워지며
한편 하늘 향한 꿈도 꾸었었지!
부족함을 나눌 끼니를 위해
액젓, 마늘, 양파도 불러들여
막연했던 삶을 위한 희생이라
미안함에 숨죽이다가 돌아보니
바다 너머 비가 대지를 적신다

어디서 종소리가 들린다
내가 진정 느껴 알아야 하는지
비어 共鳴으로 울리는 소리
슬픔을 느끼니 더욱 슬퍼진다
세상에 달리 운명처럼
여태 희생인 듯 있어 왔으므로
무거워지는 세상이 더 뜨거워지듯이

이별을 미뤄 마음을 나누고
맛깔나게 끓인다고 해도
이런저런 치다꺼리 세상 속에
처음보다는 못할 흐름 같아 슬퍼
하지만 그만 하늘을 우러르며
식탁 위 사랑으로 깨쳐 나가
우리 감사히 먹고 힘을 내야해

생선의 희생과 찌개의 사랑으로
지친 슬픔보다 공허함을 메우고
나아가는 세월
진정 기꺼움이 가득했으면 좋겠어
변모되는 세상이 쉽지 않지만
생선찌개가 가슴 같은 바다를 부르고
함께하고픈 共感의 그대를 부른다

신체학적 예술

나의 신체학적 예술은
냉정히 생각해보면 연약해 보인다
바람에 이리저리 헝클어지고
잘 빠지는 머리카락
뻗치는 예술을 떠받치기에 부담이 되어
구부러진 듯 힘 있게 걷지 못하고
훌륭하고 싶으나 쉽지 않은 환경에 쫓겨
뭔가 생각하는 눈이지만 가끔 휑한 눈
홀로 서고 싶고
모자란 듯하면서도
타인에게 악하지 않으려는 성향
자연과 고독을 사랑하는 성향이라고
쓸쓸히 드러나는 틈 많은 이빨
겨드랑이나 수염처럼
산발적으로 폭넓게 털이 나
그렇게 세상에 잇닿으려 하는

나는 그런 정열에 속한다고 한다
이것들은 예술의 소재가 되고
드디어 예술이 되듯 나를 지켜 품고
절망적이라지 않고
못났다 하지 않고
잘났다 하지 않고
어찌 그렇게 갖추듯 살았다
이젠 세월처럼 신체가 변화하듯
내가 주물러 만들어가야 하고
사라지거나 영혼으로 수놓을지라도
주어진 황혼 또한 받아들여야 한다
몸부림치듯 나타낸 쓰라림조차
신체학적 예술이라 부르리라

안팎

별것 없다
제발 나가다오

방 안에 손가락만 한 길이
작은 도마뱀 한 마리가 들어왔다
쫓아내려면 물건 틈 속으로 숨고
일단 포기하면 다시 모습을 보이고
심하게 내 눈치를 살핀다
낡아 문드러진 문틈으로 들어왔을 터

해를 끼치지 않을 텐데
왜 가만두지 않고 안달일까?
그런 생각이 비친다만
난 안에서 고즈넉이 있고 싶다
주위가 온통 숲과 달리
인공적인 문명에 감탄했을까?

각종 기계와 도구

너저분하게 체념한 듯한 물건들

하지만 난 그것들을 보는 것이

경이롭기까지 하니 나갈 수 없다

그런 느낌이 비친다만

별것 아니다

날 자극하지 말고 나가다오

안은 너저분하고 미숙해도

숨죽인 듯한 시간이 마련한 공간

보상 같은 아직 나의 기득권이다

다른 것이 좋아 보이는 건

극복해야 할 모순이다

여태 눈감아 온 미숙한 고독이다

높은 바위에 올라

멀리 대자연을 보는 것보다
방 안에 잡동사니로 모아놓은 것이
솔직히 얼마나 대단하겠는가?

이젠 숨지 말고 나가서
자유롭게 멀리 품어라
넌 나의 반려동물이 아니잖느냐
안과 밖의 교집합
문 내 기꺼이 열어주리니
나아가 너와 나의 교집합
자연에서 당당하게 자리하자꾸나
나도 때로 밖에 나가곤 한다
밖은 모두의 세상
불청객은 없고 드러난 삶이 충만하니

어느 맞벌이

헐값은 싫고 한가한 일 찾아
뭍길과 바닷길로
구백 리 길 떠난 남편
최저임금제 공장 일
이런저런 일하는 아내
비 오는 날 오후 외딴곳 남편
낭만 찾아 커피 한 잔 마시다가
공장에서 바쁘게 일하고 있을
아내를 걱정한다

명예퇴직 파고를 타고서
선뜻 변화가 쉽지 않은 삶
돌아서 제 탓인 듯 안타까운데
비가 오기 전 오전엔
부추꽃에 나비가 앉았었지
여유로운 마음에 상기되었을까?

오전 물량

남은 물량 생각하며

시간과의 밀당에 상기되었을까?

한때 아내의 근심 어린 말과

남편의 소박한 인생관

다투게 될까 봐 입을 닫기도 했다

적막한 느낌이 들 즈음

몽돌 구르는 듯한 소리 들으려

몽돌 해변으로 나서는 남편

몇 년 후 합칠 날을 생각하며

달리 상기된 얼굴을

조심스레 한번 포개어본다

열대야

열대야 후덥지근한 밤
남은 시간에도 볕이 들어
뒤척이다가
회오리치는 바람의 거센 숨소리에
그만 자리에서 일어나
부족함을 느낀 것처럼 불을 켠다
태양의 체취는 곳곳에 스미어 있어
곧 오리라 가까웠으니
벗어드는 침묵 녹였건만
잠 못 드는 밤까지 비껴들었는가?
빛에 가린 삶의 실루엣이
아지랑이에 휩싸여
녹아 미궁 속에 스며든다
추워도 문제지만
너무 더워도 찾기가 힘들어
흐르는 시간 속에서

오래 함께한다고
모두가 내 것이 아닌 세상
어느덧 내 마음
밤바다 배의 불빛에
윤슬로 춤추게 하는
삶의 유연함을 좇는다
녹지 않고 담겨 있는 추억으로
상상의 여정이 항해하는 마음으로

오렌지 하나

언젠가 태양이 흩뿌려 놓은
하나의 빛이 나의 방 안으로 왔다
신 것을 잘 못 먹는다고 건넨
숨은 배려로 온 오렌지 하나
산허리 가까이 떠오른 태양을 닮았다
수행과 고요함으로 일광욕하며
느림이 키운 빛의 선물
움직임을 장담키 어려운 바깥에서
방안 책상 위에 놓아둔 태양의 분신
고요한 빛의 조각
시간과 물의 숨결 품고
켜켜이 두툼하게 감싼 열정이
헛헛한 오늘을 감싼다
함께하는 순간 고독함을 딛고 멈춰
사유로 물든 정물화로 피어난다
맺어 끝내고픈 방랑의 종착지
하나라서 더 남기고픈 의미로

지난 보름

어두워 돋보이는 달

수평선 가까이 붉은 빛이

풀린 은빛 창처럼

차츰 솟아오르고

높아서는 비어 있는 은쟁반

오래 비워둬 얼룩진 모습

지나치듯 너무 멀어서

산뜻하게 닦을 수 없고

홀로 빛에 가득 차

채워놓을 수 없는 연민

구도자 같은 나무처럼

쭉 자리를 지켰던 적 없다

하루하루가 가면서

가린 창이 되고

대신 상념으로 차려보는

호젓한 밤의 시간이 되어서
어쩌다 대화했었으리라
입장도 바꿔봤었으리라
떼이며 이어 나간 삶
어쩔 수 없는 삶의 골

추모(부모)

느낌으로 어머니
초목처럼 삶을 나누시어
풀꽃 산길에 나풀나풀
발길에 부딪힐지 걱정스러워
뭉게구름 화창한 하늘
꿈결처럼 그리움으로 피어나고

운명으로 아버지
새처럼 삶을 노래하시어
반복처럼 시간이 흐르고
유별이 옹이처럼 맺히고
작은 새의 거리 두는 날갯짓
스치는 바람처럼 시간이 흐른다

풀지 못한 안타까움이 있다면
풀꽃 꽃대 올린 푸르른 하늘

날갯짓하는 자유로운 새

바람결에 목을 놓아

가슴을 열고 함께 노래하였으면

마음으로 하나처럼 모였으면

부모와 자식의 맺음

상실 속에서도 자연에 깃들어

간직한 추억의 조각조각

그 어디에라도 맺히고자

상실의 아픔은

건네주듯 추억을 소환한다

추석

열매 익어가는 가을밤
길게 뻗은 광야에서
드러누운 산하에서
인연처럼 감싼 여장을 풀고
하루가 저문 대자연을
조용히 바라보며
스치는 바람의 달콤한 언어로
고른 한숨을
붉게 스치는 옷자락에 담는다

한순간 시선 맴도는 산에도
오막집 불빛에도
오손도손 눈빛에도
자연의 풍요로움이
온통 결실로 맺혀
풍성한 꿈 바람에 실려

태고의 염원 일렁이는 바다에도

깊게 감돌아

사색의 나래를 편다

밤이 깊어

서성이다 고독한 구름 흐르고

내가 너를 사랑하고

네가 나를 사랑하여

자연의 열매 익어 시간이 흐르면

창문 너머 스미는 보름달이

여로에서 되돌아온

님의 시선과 함께

아름답게 길을 밝힌다

페인팅

벽이 허공도 대하듯이
거미는 일상처럼 보이지 않는다
작은 조가비나 벌레집도
숨겨둔 높이에 위치하는 것을
외벽에 페인트칠하다 보았다
눈에 잘 띄지도 않는 작은 거미들
페인트 롤러가 구를 때
진동을 느끼는지
일상처럼 간직한 줄을 오르내리거나
놔두고 벽을 기며 우왕좌왕 난리다
산뜻한 색을 내야겠는데
일은 힘들어지고 충격이다
질펀한 페인트에 갇히거나
몸에 페인트 묻힌 채 기어간다
유감이다
내가 살아가는 것이

원치 않지만 다른 생명을 괴롭히거나
죽임으로 이어지고 있다는 것
삶에 일용할 양식을 얻는다는 것도
은총인지 운명인지
일을 더 하기 위해서
여전히 풍족하게 배를 채워야 한다
감동으로 그대를 만나기 위해서
건강하게 살아남아야 한다
그리고 반전이랄까
어느 날 운명을 다하는 것
유감이 없어지는 은총이겠다
속이고
화장하고
보호하고
누구를 위하는 것이
노동으로 덧씌워져도

삶을 위하는 것으로 생각하기에

시간의 흐름 속에

유감도 있지만

페인팅은 계속될 것 같다

하얀 운동화

환갑에 받아들은
하얀 운동화
마음에 드네요

몽돌밭 걸어갈까
해변을 향해
추억 돌이키려

꽃길을 걸어갈까
야외를 향해
근심 털어내려

마음이 가벼우니
환한 미소로
발길이 닿네요

회상

건너편 산등성이 타고 오르던 해무가
그만 산에서 내려와 산을 치장하니
산은 부분 보이지 않는다
여로 속 찾아 나서 바라보니
일상 같은 고독에 싸여
주변이 적나라하게 숨을 쉰다
치장한 것도 신비롭고
공생하듯 드러난 것도
자연 속에 펼쳐진 시간이어서 좋다
풀꽃 같은 소녀의 미소가 비치는 것 같고
그 자리 삶으로 맺힌 이슬이
가쁜 숨을 몰아쉬는 나그네를 담고
휘감는 시선은 자연으로 동화된다

겨울 눈밭에
침묵으로 눌러 창백해진 흔적이

다시 눈에 덮이는 시간이 지나고

이른 봄 햇살을 조율하듯

휘파람새 소리, 뭇 새 소리 울리고

바람결에 흩어진 발자국

계절도 가고

다시 희미해진 시선이

추억으로 마련하려는지

시곗바늘을 휘감듯 곳곳에 맺혀서

계절의 잎새처럼 달려 있다가

가끔 흐릿해진 기억으로 흐느적거린다

휘파람

가거도 섬마을 산길 가
따뜻한 한낮 위로
들려오는 섬 휘파람새 소리
호로로로 찝쪽 찝쪽
가벼워진 바람 속에
잘 다듬어진 목청
호로로로 찝쪽 찝쪽

조심스레 근처에 가서
그의 모습을 불러내
자세히 보고픈 마음
흉내를 낸 나의 휘파람
휘이익 휙 휙
하지만 모습은 보이지 않고
호오 휘리릭

예덕나무 이파리 속에

숨듯 노래하는 다양한 발성

여러 차례 반복 속에

하릴없이 가는 시간

그를 보는 것 대신

되도는 걸음 무거워지고

휘파람이 조금 늘었겠다

제5부

바람길에 서서

갈등으로 부르튼 기억의 여백에
한 가닥 생명의 의미를 덧칠해본다

가볍게 걷는 거야

감사하지도
감동하지도 않으며
맞은 오늘이 허무하다
억눌리기 싫고
미처 끼치기를 꺼리니
순간 홀로 놓여 있었다
온전한 사랑도
희생도 여의치 않으면
흔적조차 버거운 자리

꽃이 시든다고
풍취가 사라진다고
지레짐작으로 슬퍼 말자
원하는 세상 요원해도
꿈을 잇대어 사는 거야
거창할 필요는 없어

한 걸음 더 딛는 거지

가볍게 걷는 거야

사랑하던 사람처럼

무궁으로 오간 미소처럼

깊어가는 해에

구름이 두둥실 하얗게 빛을 받고
한때는 밝은 낮에도
먼 인연처럼 별이 보여
별을 찾으려다
흩어져 놓인 빛이
밤하늘 별의 영혼 되듯
아무도 보이지 않는 허공으로
쓸쓸하게 반짝거리고
아! 이 좋은 날에
왜 그 근처에 보이지 않는가?
강한 태양 빛이 더욱 깊은 철학을 위하여
저만치 비껴 있는데도
왜 빈자리처럼 보이지 않을까?
몇 번 밤을 지내면
이 해가 지나가고
새로운 해가 오리

그렇게 가까워진 것도 없고
미소 짓는 대화도
오래 자리에 맴돌지 않는데
시간은 긴 사막처럼
가지 말래도 간다
두근거리는 마음을 느끼며
말발굽 소리 들리며 시간이 간다
원점을 얼마 두지 않고
꿈속에서도
그때의 의미에 싸여 시간이 간다
이상한 감정이어도
거부하지 않고 시간이 간다
여전히
잊어버리기 쉬운 일에
시간은 고독처럼 맴돌지만
그 무엇이 남았는가?

우리의 성은 진실로 아름다워졌는가?

밤이 되어

달도 구름에 가리고

어두움으로 치솟는 바람을 지나서

낮게 구름이 수평선에 맴돌고

별들이 반짝이는 시간을 지나서

잔잔한 대양의 마음처럼 되돌아 찾아 느끼며

그렇게 자리를 지키고 있으면

마음이 편안한가?

깊어가는 해에

오늘 십자성 연처럼 떠오르는 곳에서

항해하며

나의 마음은 오늘에 머물다가

고향 하늘의 북두칠성을 찾으러 떠난다

누가 먼저 꺼냈을까?

드러내는 것은 모험이고 추적의 대상
휑한 눈으로 생각하고 읽었다
허름한 삶에도 뭔가 쌓여가는 것이 있다
다람쥐처럼 숨겨 가지고 싶은 습성
혼자서 험한 고갯길도 걷다 보니
쓸쓸한 눈빛이 한편 도깨비 닮아가는지
겨울이 곳곳을 쏘다니며 스며들어서
숨죽이듯 겨울잠을 자는 동물처럼
온몸을 감싸며 두텁게 입고 숨었었다
발은 언제부턴가 달콤한 대가도 없이
움직임의 표적으로 숨기도 힘들어 종종 차다
그러고 보니 고향 가는 길처럼 더 멀기도 하네
들켜 밖에 나설까 봐 숨도 죽였다
해서 왠지 더 추위를 느끼는지도 모른다
그래도 네가 아직 살았다는 것에
그 누구나 제 일처럼 경축한다

너의 생명력은 때로 대를 잇거나

오랜만에 찾아온 설레는 꽃처럼

하나하나가 모인 자연이란 걸 어렴풋이 안다

느낄 수 있으니 나도 자연의 일부

둔감함이 쌓여 근육이 무뎌졌나?

헛될지도 모를 꿈처럼 자꾸 잠이 온다

어쩔지도 모르는 먼 미래까지 걱정하지 말자

재개발로 옮겨 심은 아마릴리스가

또다시 곱고 화려하게 피어 조용히 마주한다

영원한 맹세도 없고

어제처럼 부는 바람에 아픈 가슴 말리며

꽃과 나 사이

누가 먼저 이 실마리를 꺼냈을까?

발을 떼듯 움직이는 생각과

나약함에 서럽고 무책임한 관계 속에

개의치 않고 사랑으로 웃어 보이는 너

오늘 단순하게나마 행복함을 느끼고 만족하자고

하나의 자연으로 한순간 머물다 가자고

치열하기도 했던 대가와 행운처럼 얻었을 돈의 체온

방 안에 들어오니 허물 같은 것이 하나 벗겨진다

태워 올려보내거나 없애야 할지

품거나 사유의 조각으로 남겨야 할지 모를

단락 짓듯 시간이 침전시킨 껍데기

밖엔 많은 부분 내일의 관계가 있다

누가 먼저 이 실마리를 꺼냈을까?

동물원

마음이 허전한 날에는
동물원에 가서
숨겨졌었던 동심을 찾자
정원의 다듬어진 나무처럼
멋쟁이 낙타가 휘파람 부는 곳
흘러나오는 노래에 맞춰
춤을 추는 코끼리가 있는 곳
수많은 원숭이의 장난에
사람들의 정겨운 웃음이 있는 곳
나뭇가지에 달린 잎의 맥처럼
태고의 삶이 전설처럼 달린
동물원의 나무 밑에서
우리 모두 삶을 노래하자

한순간 햇빛이 일렁이는 바람 속에서
다름도 어울려 놓이고

인어의 체취가 흐르는 연못에서

흩어진 우리의 보물을 이야기하며

지난날의 악몽을 떨치고

자연의 꽃으로

드넓게 삶을 포용하자

그리하여 우리 마음은

잔잔해진 평화로

두둥실 구름이 흐르듯

드높이 하늘을 수놓으리

마라톤

피가 끓어 마르는 것 같네!
찌들어 흐르는 삶의 안타까움이

땀이 흘러 떨어져 나가네
분리만을 일삼는 결벽증이

맨몸 하나 열정을 가지고

꽃이 피고 기약하는 고운 자리
멀리 아름다운 산하가 다가오고

그처럼 내어놓는 미소 깃든
넘치는 세상 자리하고

삶이 기쁨의 눈물 흘리듯
생의 승전보가 펼쳐지네!

주저앉지 말고 길을 가세

영혼을 받드는 몸으로
널리 평화를 그리는 마음으로

간직하는 자연의 꽃 만발하고
지켜주는 순수한 영혼 비치면

찬란한 미소로 생을 쪼는
평화의 목공 미소 짓네!

핏빛의 흔들리는 시련 지나면
나뭇잎 빛으로 곱게 덮어쓰고

이어지는 기쁨의 미소
아름다운 꽃 되어 만발하리

마음껏 지치지 말고 뛰세

불구의 몸이라도 모두 함께

한 줄기 스미는 빛이라도

살아가는 마음을 밝히나니

우리의 삶이 인류의 삶 되고

우리의 희망이 인류의 희망 되니

허튼 절망에 지지 않는

지혜와 끈기를 받들어

온 누리에 평화를 전하세

만남의 길

헤어짐이 없다면
만남의 기쁨을 품을 수 없다

마음의 여지에서 떠난
영원한 헤어짐만 없다면
외로움을 거름으로 삼아
헤어짐은 만남의 기쁨으로
우리네 삶을 풍성하게 한다

서로의 마음이 깊으면
무릇 만남은 이루어진다
그가 돌아 꽃으로 오든지
내가 바람으로 찾아가고
우리 빛이 영원으로 함께하기에

바람

바람은

알 수 없는 시절 먼 애인의 호흡

생명의 꽃향기를 싣고 오기도 하고

강한 바람으로

모두를 날려버리려고 한다

어느 날

내게로 불어온 정열의 언어도

또 다른 이에게 불지 않았을까?

어느 날 내가 표현한 삶의 과정도

어떤 이 자신의 과거가 재연되는 양

쓸쓸히 바라보지 않을까?

내 생각이 타인의 이해가 되고

타인의 생각이 내 영감이 되고

바람은 이중 첩자가 되어

생의 비밀을 누설하며

향기롭게

싸늘하게

강하게

쉬지 않고 방랑자처럼

이 세상을 쏘다니는 것이 아닐까?

한때는 분노의 기억으로

과거를 윽박지르며

거세게 자취를 날리려 하고

한때는 자책으로

암울한 먼 허공으로 치달으며

씽씽 울고

한때는 기쁨으로

다정히 옷매무시를 가다듬으며

가까이 가느다란 미소를 짓는다

사람답게

삶은 여전히 힘들 수 있다
여유를 찾지 못할 때는
외면해도 힘든 삶은 곧 돌아온다
두 눈에 그윽한 온정을 담아
빛을 찾아 손을 뻗쳐야 한다
뿌리치더라도 그 뒤를 기억해두어
눈길처럼 빛이 온몸에 비출 때
간직함으로 남은 그 길에
기꺼이 접어들어야 한다

길은 찾고 접어들어야 인생답다
그 길이 화려하지 않아도
함께 숨 쉬는 염원이 있어
시련과 유혹도 이겨낸다

잠시 맡은 텃밭에 자란 풀꽃

그대로 두니 새들 더 찾아오고
길가 돌 틈에 핀 풀꽃은
떠나 있어 저편 생각에 닿아 있다
바다에서 헤엄치던 감성돔
다른 세상에 나와 회로 떠지기도
차에 치여 죽은 듯한 작은 새
그만 이 세상 정리하듯
꼬옥 눈 감은 모습도 빚진 느낌

스쳐 지나는 시간에 눈뜨고
더 멀리 헤쳐 나가야 할 사람답게
잡은 두 손 굳건히 살아야 한다
풀꽃 자란 텃밭도 정리하고
죽어 저세상에서 만나면
유감을 표해야 할 수도 있겠지만
모두가 잠든 비 오는 날

두드려 공명으로 다가오는 날

그 모두를 연민으로 느낄 수 있겠지만

삶은 순수에서 싹터야 한다

있다는 것은 기대와 관심
또한, 걸리적거리는 불편함을 주지만
없다는 것은 아늑함과 평화
또한, 사랑도 없을 공허함을 준다

없다고 생각해도 나타남이 마음을 열고
있다고 생각하나 보이지 않음도 마음을 연다
마음을 여니 존재감에도 새롭고
마음을 여니 허무함에도 새롭다

모두가 모여 밝은 세상으로
변화의 의미는 순수에서 싹터야 한다
꽃을 보듯 새로움이 아름답길 바라며
새로움은 순수에서 싹터야 한다

새야

이른 봄에 많은 새가 보였다
비슷하거나 다른 모습의 새들
이제 이름을 불러주기에도
또 뭔가 다른 듯한 모습
소소리바람에 많은 새가 죽었다
관념 속 제비가 보랏빛도 띠고
옷 같은 색을 더 껴입을 수 없어
허무하게 드러내어 죽어 있다

걷기엔 머나먼 곳에서 온 손님들
그들이 만든 군무에 대한 대가
따사로움은 오래가지 않고
깨어나는 벌레도 그만 잠을 잤다
춥고 배고파 민가까지 배회하다
바닥에 나뒹구는 모습
올해는 이렇듯 슬프게 새롭다

무슨 변화가 있었을까?

새는 변화에 몽매한 자에게
신이 보내는 희생 같다
죽음의 길은 경고로 맞닿는다면
우리 서로 닿아보자
내 너의 날갯죽지를 잡고
연민의 바람을 살려내
너의 비행을 꿈꾸어 보려나니
그만 혼으로 자유로이 날아보자

안개 낀 산책길

한적한 옆 마을로 가는 산길
이른 아침 안개가
고개 돌려 보이는 바다를 지우고
산과 작은 섬 풍경을 지우고
근처만 보이는 아침 산책길

새소리가 청아하게 들리고
가까이 온 나를 의식해선가
새는 달리 소리 낸다
흥미롭고 의문스러웠던
휘파람새가 적막을 달랜다

내가 다가서고
새가 가까이 날아와도
떠도는 구름 같은 삶
한순간 막히듯 정체해야

머물러 한 점 굵게 찍으려나

새가 달래주는 이 시간
흐르는 듯한 소리
인생 뭐 있나 위로하고
끊는 듯한 소리
자연 속 삶을 맞이하려는지

걸음은 계속되다가
그 무엇을 찾는 듯 멈추고
내 마음의 깊은 골짜기
촉촉이 감싸는 바람으로
안개비가 내린다

안녕(추모)

남아도는 무책임한 체취
퇴색되어 가는 양심이 싫어
방향제 향을 하나 피웠다
자신을 태워 건조한 꽃향기
물들이기보다는 피어올라
주위의 냄새와 함께 떠나려는 모양
순간 떠나고 싶지만 무겁다는 것
그래 타는 것이 두렵다

함께하고 떠나는 것이 그대라면
그렇지 않은 자들은 남은 자다
입장에 따라 다르고
표방하고자 하나 욕심에 가리고
그대를 따라가지 못한 남은 자
그런 시간이 키워 와
쭈글쭈글해진 채 남아

실은 가까웠던 그대를 보내고 있다

함께하지 못하는 나약함
어찌 힘든 운명 벗어날 수 있을까?
한세상 뭇별 같은 외로움
이후에 허공에 올라
마음처럼 인연을 발산하고픈 별
안녕!
연기처럼 떠난 그대들이여
무엇을 느끼고 얻었을지 모르지만
풍요롭게 보이는 세상 여행을 끝낸
멀지만 찬란한 별의 분신들이여
하나님 영의 작은 빛들이여

어떤 바람일지라도

늦은 대선 개표 끝나고 난 오후
한적한 산속 길가에 차를 세우고
햇볕이 환하게 비치고 아늑해
부족한 잠을 달래려 눈을 감는다
멀리 가까이 좌우로
분별하기 어려운 바람이
나무숲 잎사귀를 스치며 소리를 낸다

조용히 밖에 나와 보니
바람은 한 방향도 아니고
하나도 아니다
여기저기서 불어 수풀을 섞는 것도
태풍처럼 하나로 모아
멀리 씨앗을 보내는 것도
하나의 놓인 세상살이

뿌리내린 삶

뿌리내린 관념

자신으로 인해 그늘져

씨앗이 더 자라지 못한다면

가지가 부러지고

멀리 이별이 찾아오더라도

더 비옥하고 양지바른 곳

너와 나의 씨앗 뿌리내리길

영원한 것 없고

두루 안주할 수 없는 세상이라면

이해도 하고

희생도 하고

찬란한 꽃을 피우기 위해

애써 살아남아야 한다

그동안 울림으로 치달았다면

진정 거듭나는 바람이길 바라면서

함께 마음속으로 외쳐본다

바람엔 힘이 있어

우리를 멀리 보내기도 하지만

무게는 없어

진정한 희망을 누르지 못한다

두루 돌아 평화로움을 전해야 한다

여로

있는 그대로, 생긴 그대로
살아남아서
오늘에 이르렀으니
인정하고
참회하고
주어진 오늘을 살자
새로웠으면 좋을 시간을 꿈꾸지만
찰나의 시간조차
변명하지도
속이려 들지도 말고
삶의 이정표 바라보고
남은 길 얼마인지 모르지만
지친 발걸음의 무게
떠오르는 태양 아래
작은 그림자로 남겨두고
좀 더 가볍게 나아가 보자

어느 정도

고독으로 지루해진 밤은

태양의 길 저편에 있고

낮과 밤 밀당 같은 시위 속에

세월로 박혀 눕고 싶기도 하지만

웬만하면 내일은 오지 않나?

하여

희망 반, 걱정 반

마음이 가난해지기도 하여

상처를 주지 않길 기원하며

스미어 오는 햇살로 날고 싶고

그림자처럼 조화롭게 눕고 싶다

이것저것 길에 맞닿아 있다

있는 그대로 걷기도 하고

어느 순간은 날고 싶다

낮과 밤을 꿰뚫을 화살처럼

이젠

하고 싶은 일이 있으니
더는 흐트러트리지 말자
환갑도 지나갔으니
작은 결실에도 만족하여
재물의 굴레에 빠지지 않고
소박하게 살며
건강 쉬 해치지 않고
아름다운 꽃과 새
다정히 벗하며
자연 세상 주어진 데까지
온 마음 화답하며 살자

잠자리

독실산 산길에 잠자리 떼
놀라운 비행으로 오가며
나를 에워싸며 난다
태어나서 온통 신기한지
자신의 비행 실력 뽐내는지
걷는 나를 전혀 무서워 않고
가벼운 몸 날갯소리도 없이
하염없이 날고 있다
날기 위해 온 삶을 기다린 것처럼
그들의 선조가 인간에게 영감을 주어
비행기가 만들어졌대도
그들은 무표정하게 날고 있다
인간은 속도를 얻고
두툼한 몸통을 얻었지만
자유자재의 비행은 없노라고

잠자리의 쉼을 보고 있어

사선으로 뻗어 오른 찔레 줄기에

부여잡고 매달려

박제된 듯 조용한 모습

다른 관목 가느다란 줄기에도

가벼움을 드러내는 양

드물게 쉬는 모습이 보인다

그런 정체는 그들의 삶에

얼마나 큰 비중일까?

하염없이 날다가

썩 편해 보이지 않는 쉼

완전히 긴장을 놓지 못하는

그 무엇이 그들에게 있는 것일까?

하지만 끊어질 수 없는 바람

자유로운 비행을 위한 가벼움

비교 없는 여유로운 자유를 꿈꾸리라

추운 날

어디로 튈지 모르는 것보다
추위가 견디기 힘드나 보다
통신주 단자함 옆자
열 가지 색깔로 나뉘어 조합된
여러 가닥의 전화선 곁에
들킨 줄 안 거미가
초대되지 않아 숨을 곳을 찾지만
조금이나마 삭풍을 막아주는 곳을
떠나고 싶지 않은 모양이다

일련의 기억으로
거미줄을 자아내 만든 듯한 고치
누렇게 변색하듯 폐허 같아
기절했는지 죽은 듯한
수많은 작은 거미들이 떠오르고
생계를 위해 집을 나서

추운 길거리에 나앉아
성냥불 온기로라도 나래 폈으면 싶은
동화 속 성냥팔이 소녀가 떠오른다

불안한 환경
거미줄 주위 옷을 재단해 내어
조화로움 속에 무지개 밝아지기를
불완전한 사회
그녀의 성냥불 마음을 밝혀
행복함으로 빛 온 누리에 내리쬐기를
구분과 공존이 함께하는 추운 날
갈등으로 부르튼 기억의 여백에
한 가닥 생명의 의미를 덧칠해본다

한 줄기의 바람이고 싶다

욕심에 번뇌하지 않는

한없이 순수한 정열 속에서

고르고 깊은 호흡으로 내쉰

고요한 숨 같은

그렇게 느낄 수 있는 존재가 되고 싶다

슬픈 비에 젖어 사라지지 않고

조그만 틈에도 소통할 수 있는

하얀 입맞춤 같은 존재가 되고 싶다

나보다 그대를

어루만져도 기쁜 존재가 되고 싶다

욕심 많아 차라리 죽고 싶은 것 아닌

빛 속에서 보고

어둠 속에서 기도하는

지치지 않을 바람이고 싶다

가벼워서 한없이 자유로운
영혼 같은 바람이고 싶다

부끄러움도
욕심도 없는
한 줄기의 바람이고 싶다

덧없다고 체념할 때조차
조용히 불어주는 바람이고 싶다

함께해요

어느 날 가장 가까운 사람과
보이지 않는 것이 뺨을 어루만지고
눈이 부시어 얼굴 품에 가까이 묻고
청아하게 노래하는 듯한 소리
알록달록 피어나는 모습과 함께

엄마는 나를 안고 한참을 걸었어요
바람은 살랑거리고
햇살은 누구보다 밝았고요
새 소리처럼 가까운 숨결이 아늑하고
사랑으로 꽃이 펼쳐져 있었어요

까르르 기쁜 울림
한때 목메듯 덜커덩거리던 숨결
함께 기쁘고 힘들기도 했었지요
두근거리는 맥박 소리가 좋은 시간

계속 함께하고 싶어요

무슨 나쁜 생각하는 거예요?
1577-0199로 전화하세요
스스로 끊는 것은 생이 아닙니다
외면의 덫을 끊고
스미는 빛이라도 기꺼이 함께해요

해원 解冤

일상의 죽음에는 착각이 묻어 있다
꿀맛 같은 잠자리에는 호흡이 있고
슬픔을 외면해도 아파하는 이가 있고
삶을 포기해도 인연이 남아 있다
그래서 죽음을 찬미할 수는 없다

온전한 죽음이 어렵다는 것이
아직 살아있다는 끈질긴 여운
어려운 것이 진실한 죽음이고
허무한 것이 유한한 삶인데
치열하게 삶이 거창해야 하는 걸까?

한이 깊고 못다 한 꿈
고통의 심경에 우는 영혼이여
모닥불 깊은 불꽃처럼
삶의 꿈 토막토막 사르는 춤사위로

훨훨 정화의 세계

사뿐히 들어서서 자유로우소서

안녕!

새로운 구속은 필요치 않아

여행길 축복으로 이어지소서